ÉDITORIAL

JUILLET 2025

Pause estivale en abbaye ?

Ah, le mois de juillet ! Les vacances ! Et, avec elles, ce désir, voire ce besoin, de revenir à l'essentiel. Cette démarche n'est pas nouvelle : depuis plusieurs années, plusieurs hôtelleries d'abbayes affichent complet durant l'été. Parmi ceux qui franchissent leurs portes, beaucoup choisissent de le faire autour du 11 juillet, jour de la fête de saint Benoît, père des moines. Peut-être êtes-vous déjà un habitué des abbayes, sinon pourquoi ne pas vivre cette expérience cette année ? Que ce soit pour une heure ou pour une semaine. Et si le voyage n'est pas envisageable, *Prions en Église* vous propose, tout au long de l'année, de découvrir autrement les monastères de France et de Belgique. Sur le site et l'application, plongez dans leur quotidien et unissez-vous à leur prière. Profitez de cet été pour vous offrir une belle occasion de savourer le silence et la prière des moines et moniales, sans oublier les fruits de leur travail : fromages, confitures ou, pourquoi pas, des bières bien fraîches à partager ! ■

Que ce soit pour une heure ou pour une semaine, accordez-vous cette pause spirituelle.

L'ŒUVRE D'ORIENT

Festival des chrétiens d'Orient en Champagne

Depuis 170 ans, L'Œuvre d'Orient soutient des communautés chrétiennes dans plus de vingt pays. Elle organise pour la deuxième année consécutive un festival des chrétiens d'Orient.

« Notre but ? Créer des liens d'amitié entre chrétiens d'Orient et d'Occident », annonce d'emblée Nicolas Meslin Sainte Beuve, chef de projet de L'Œuvre d'Orient. Passant principalement par des congrégations religieuses, l'association agit aux côtés des chrétiens d'Orient, que ce soit pour faire face à des crises économiques ou politiques, ou simplement pour permettre aux communautés chrétiennes d'assurer des services essentiels au bénéfice de la population entière. « Bien souvent, ce sont elles qui gèrent les orphelinats, les écoles, les dispensaires, les hôpitaux. Soutenir ces communautés, c'est permettre aux populations locales de survivre, qu'elles soient chrétiennes ou pas. » Convaincue que pour s'aimer, il faut se connaître, L'Œuvre d'Orient organise un festival, en France. « Cette année, ce sera les 5 et 6 juillet, à l'abbaye d'Andecy (en Champagne), poursuit Nicolas Meslin. Cet événement est pensé comme un temps

de partage, autour de musiques, de danses, de découvertes des rites, de discussions, de repas, de prières… Les croyants de différentes branches chrétiennes se rencontrent et vivent ensemble le temps d'un week-end. » Présente l'an passé, Marina Salim, 33 ans, copte catholique née en Égypte, évoque deux journées riches, tant sur le plan spirituel que culturel. « J'ai particulièrement été touchée par des témoignages qui disent la force et l'humilité dont les chrétiens ont besoin pour vivre leur foi, malgré les peurs et les difficultés qui les entourent. » Pour cette deuxième édition, des chrétiens d'Orient et d'Occident se rassemblent cette fois autour du thème « Espérer dans l'épreuve ». Un programme de taille qui semble capital aujourd'hui !

**Pour participer au festival des chrétiens d'Orient, rendez-vous sur : https://evenement.oeuvre-orient.fr, ou par mail à l'adresse : festival@oeuvre-orient.fr
Si vous souhaitez soutenir L'Œuvre d'Orient ou découvrir plus amplement ses actions, rendez-vous sur le site : https://oeuvre-orient.fr**

Prier avec le Saint-Père

Intention universelle du mois de juillet 2025

Prions pour que nous apprenions
à être toujours plus en mesure de discerner,
pour choisir des chemins de vie
et rejeter tout ce qui nous éloigne
du Christ et de l'Évangile.

Pour vous aider à prier :
www.prieraucoeurdumonde.net

SAINTS ET SAINTES DU MOIS DE JUILLET 2025

Xavier Lecœur, journaliste et historien

Chaque jour, l'Église fête plusieurs saints et bienheureux : ceux du calendrier romain, ceux des calendriers diocésains et ceux du calendrier des Églises orientales.
Tous les mois, Prions en Église *vous propose d'en découvrir quelques-uns.*

1er juillet
St Calais
(VIe siècle)
La piété de l'ermite Calais lui attira de nombreux disciples pour lesquels il fit construire, près du Mans, le monastère d'Anille, berceau de l'actuel village de Saint-Calais (72).

2 juillet
St Martinien
(Ier siècle)
Chargé, selon la tradition, de garder les Apôtres Pierre et Paul à la prison Mamertine à Rome, ce geôlier se serait alors converti et serait mort martyr avec son ami Processe.

3 juillet
St Thomas
(Ier siècle)
L'un des douze Apôtres choisis par Jésus. Resté célèbre pour son incrédulité : il voulait toucher les plaies du Christ pour croire à la nouvelle de sa résurrection.

4 juillet
Bx Pier-Giorgio Frassati
(1901-1925)
Il y a un siècle, jour pour jour, ce jeune Turinois rendait l'âme à Dieu après avoir témoigné, durant sa brève existence, d'une foi joyeuse et d'une profonde charité. Il sera canonisé le 3 août.

5 juillet
St Antoine-Marie Zaccaria
(1502-1539)
D'abord médecin à Crémone, il devint prêtre puis fonda la congrégation des clercs réguliers de Saint-Paul (Barnabites) pour la sanctification personnelle et le service du prochain.

6 juillet
Ste Maria Goretti
(1890-1902)
Cette jeune Italienne fut agressée par un voisin. Avant de succomber, elle pardonna

à son meurtrier. Celui-ci se convertit en prison et assista à la canonisation de sa victime en 1950.

7 juillet
Bse Maria Romero Meneses
(1902-1977)
« Être un instrument de la bonté miséricordieuse de Dieu », tel était le désir de cette religieuse salésienne de Don Bosco qui dédia sa vie aux pauvres du Costa Rica.

8 juillet
St Thibaut
(vers 1200-1247)
Ce chevalier se fit moine au monastère cistercien des Vaux-de-Cernay (Yvelines), dont il devint l'abbé. Ami de saint Louis.

9 juillet
Sts martyrs de Chine
En 2000, le pape saint Jean-Paul II canonisait 120 martyrs (évêques, prêtres, religieuses, séminaristes, laïcs) qui donnèrent leur vie pour le Christ, en Chine, entre 1648 et 1930.

10 juillet
St Canut
(vers 1040-1086)
Ce roi du Danemark était un monarque juste et pieux. Il fut assassiné alors qu'il priait dans une église. Père du bienheureux Charles le Bon.

11 juillet
St Benoît de Nursie
(vers 480-547)
« Ouvrons les yeux à la lumière divine », recommandait, dans sa règle monastique, celui qui fonda l'abbaye du Mont-Cassin, berceau de l'ordre des bénédictins.

12 juillet
St Olivier Plunket
(1629-1681)
Primat d'Irlande. Ayant été injustement accusé de comploter contre le roi d'Angleterre, il fut arrêté et condamné à mort.

13 juillet
St Silas
(Ier siècle)
Disciple de saint Paul qu'il accompagna dans certains de ses voyages missionnaires. Selon la tradition, il termina sa vie comme évêque de Corinthe.

14 juillet
St Camille de Lellis
(1550-1614)
Choqué par l'état déplorable des hôpitaux de son temps, cet ancien

soldat fonda, en 1582, l'ordre des Serviteurs des malades (Camilliens). Patron des infirmiers.

15 juillet
Bse Anne-Marie Javouhey
(1779-1851)
« Dieu ne se communique que dans la paix : c'est là ma boussole, elle ne trompe jamais », affirmait la fondatrice des Sœurs de Saint-Joseph de Cluny.

16 juillet
Ste Marie-Madeleine Postel
(1756-1846)
Il y a un siècle, en 1925, le pape Pie XI canonisait cette Normande, fondatrice des Sœurs des Écoles chrétiennes de la Miséricorde, une congrégation qui porte son nom aujourd'hui.

17 juillet
Stes Carmélites de Compiègne
(XVIIIe siècle)
Ces seize Carmélites, guillotinées sous la Terreur en haine de la foi, ont été canonisées par le pape François en décembre 2024.

18 juillet
St Bruno de Segni
(1049-1123)
Évêque de Segni puis abbé du Mont-Cassin, il lutta pour la réforme de l'Église, entreprise par son ami, le pape saint Grégoire VII.

19 juillet
St Symmaque
(vers 450-514)
Après un début de pontificat troublé par l'élection d'un antipape, il se consacra ensuite au soin des pauvres, à l'accueil des pèlerins et à la restauration des églises de Rome.

20 juillet
St Apollinaire
(IIe siècle)
Premier évêque de Ravenne (Italie), où il aurait subi le martyre et où deux superbes basiliques portent son nom.

21 juillet
St Laurent de Brindisi
(lire page 146)

22 juillet
St Wandrille
(vers 600-668)
Ancien fonctionnaire du roi Dagobert, il fonda près de Rouen l'abbaye bénédictine de Fontenelle (actuelle abbaye de Saint-Wandrille), qui est encore bien vivante aujourd'hui.

23 juillet
St Jean Cassien
(vers 360-435)
« Votre but consiste en la pureté du cœur, et vous avez pour fin la vie éternelle », disait à ses moines ce prêtre et abbé qui fonda deux monastères à Marseille.

24 juillet
Bse Louise de Savoie
(1462-1503)
Fille du bienheureux Amédée de Savoie. Veuve après dix ans de mariage, elle décida d'entrer chez les Clarisses d'Orbe (Suisse). Béatifiée en 1839.

25 juillet
St Cucufat
(IVe siècle)
Originaire d'Afrique, il s'en vint en Espagne et subit le martyre à Barcelone, durant la persécution de Dioclétien.

26 juillet
Ste Anne et st Joachim
(Ier siècle)
Selon le Protévangile de Jacques, ces Juifs pieux furent les parents de la Vierge Marie, et donc les grands-parents de Jésus.

27 juillet
Ste Nathalie
(vers 825-852)
Chrétienne fervente, martyrisée à Cordoue (Espagne).

28 juillet
St Samson
(VIe siècle)
Ce moine gallois fut un grand voyageur et fonda, sur le continent, un monastère qui est à l'origine de la ville de Dol-de-Bretagne (35).

29 juillet
Ste Marthe
(Ier siècle)
Sœur de saint Lazare et de sainte Marie de Béthanie, qui sont aussi fêtés aujourd'hui.

30 juillet
St Pierre Chrysologue
(vers 380-451)
« Dieu entendra les cris de détresse de celui qui a prêté l'oreille aux cris du pauvre », affirmait cet évêque de Ravenne, surnommé « Chrysologue » (parole d'or) en raison de son éloquence. Docteur de l'Église.

31 juillet
St Justin de Jacobis
(1800-1860)
Il y a cinquante ans, en 1975, le pape saint Paul VI canonisait ce missionnaire lazariste qui tissa des liens entre les catholiques et les coptes éthiopiens. ●

Prions avec les textes de la messe

DU 1ER AU 31 JUILLET 2025

Partagez vos intentions de prière

....

....

....

....

....

....

....

....

....

Envoyez vos intentions de prière à : *Prions en Église*, Intentions de prière, 15, boulevard Gabriel Péri, CS 10042 92245 Malakoff Cedex.
Elles seront portées par des membres de la rédaction qui partiront à Lourdes pour le Pèlerinage national, du 11 au 16 août 2025.

MARDI 1ER JUILLET 2025

13E SEMAINE DU TEMPS ORDINAIRE COULEUR LITURGIQUE : VERT

Temps ordinaire, *suggestion d'oraisons et d'antiennes n° 13*

Antienne d'ouverture

Tous les peuples, battez des mains,
acclamez Dieu par vos cris de joie ! (Ps 46, 2)

Prière

Tu as voulu, Seigneur Dieu, que par la grâce de l'adoption filiale, nous devenions des enfants de lumière ; ne permets pas que nous soyons enveloppés des ténèbres de l'erreur, mais accorde-nous d'être toujours rayonnants dans la splendeur de ta vérité. Par Jésus… ***— Amen.***

Lecture

du livre de la Genèse (19, 15-29)

« Le Seigneur fit tomber sur Sodome et Gomorrhe une pluie de soufre et de feu »

En ces jours-là, les gens de Sodome avaient voulu s'en prendre aux deux voyageurs passant la nuit chez Loth. À l'aurore, les deux anges pressèrent Loth, en disant : « Debout ! Prends ta femme et tes deux filles qui se trouvent ici, et va-t'en, de peur que tu ne périsses à cause des crimes de cette ville. » Comme il s'attardait, ces hommes le saisirent par la main, ainsi que sa femme et ses deux filles, parce que le Seigneur voulait l'épargner. Ils le firent sortir et le conduisirent hors de la ville. Une fois sortis,

ils dirent : « Sauve-toi si tu tiens à la vie ! Ne regarde pas en arrière*, ne t'arrête nulle part dans cette région, sauve-toi dans la montagne, si tu ne veux pas périr ! » Loth leur dit : « Non, je vous en prie, mes seigneurs ! Votre serviteur a trouvé grâce à vos yeux, et vous m'avez fait une grande faveur en me laissant la vie. Mais je n'ai pas le temps de me sauver dans la montagne : le malheur va me rattraper et je mourrai. Voici une ville assez proche pour y fuir – elle est si petite ! – Permettez que je me sauve là-bas – elle est si petite ! – afin de rester en vie ! » Ils lui répondirent : « Pour te faire plaisir cette fois encore, je ne détruirai pas la ville dont tu parles. Vite, sauve-toi là-bas, car je ne puis rien faire avant que tu y sois arrivé. » C'est pour cela qu'on a donné à cette ville le nom de Soar (ce qui veut dire : Petite).

Le soleil se levait sur le pays et Loth entrait à Soar, quand le Seigneur fit tomber du ciel sur Sodome et Gomorrhe une pluie de soufre et de feu venant du Seigneur. Dieu détruisit ces villes et toute la région, avec tous leurs habitants et la végétation. Or, la femme de Loth avait regardé en arrière, et elle était devenue une colonne de sel.

Abraham se leva de bon matin pour se rendre à l'endroit où il s'était tenu en présence du Seigneur, et il regarda du côté de Sodome, de Gomorrhe et de toute la région : il vit monter de la terre une fumée semblable à celle d'une fournaise !

Lorsque Dieu a détruit les villes de cette région, il s'est souvenu d'Abraham ; et il a fait échapper Loth au cataclysme qui a détruit les villes où il habitait.

– Parole du Seigneur.

Psaume 25 (26)

℟ ***J'ai devant les yeux ton amour, Seigneur.***

Éprouve-moi, Seigneur, scrute-moi,
passe au feu mes reins et mon cœur.
J'ai devant les yeux ton amour,
je marche selon ta vérité. ℟

Ne m'inflige pas le sort des pécheurs,
le destin de ceux qui versent le sang :
ils ont dans les mains la corruption ;
leur droite est pleine de profits. ℟

Oui, j'ai marché sans faillir :
libère-moi ! prends pitié de moi !
Sous mes pieds le terrain est sûr ;
dans l'assemblée je bénirai le Seigneur. ℟

Acclamation de l'Évangile

Alléluia. Alléluia. J'espère le Seigneur, et j'attends sa parole. ***Alléluia.***

Évangile de Jésus Christ

selon saint Matthieu (8, 23-27)

« Jésus, debout, menaça les vents et la mer, et il se fit un grand calme »

En ce temps-là, comme Jésus montait dans la barque, ses disciples le suivirent. Et voici que la mer devint tellement agitée que la barque était recouverte par les vagues. Mais lui dormait. Les disciples s'approchèrent et le réveillèrent en disant : « Seigneur, sauve-nous ! Nous sommes perdus. » Mais il leur dit : « Pourquoi êtes-vous si craintifs, hommes de peu de foi ? » Alors, Jésus, debout, menaça les vents et la mer, et il se fit un grand calme. Les gens furent saisis d'étonnement et disaient : « Quel est donc celui-ci, pour que même les vents et la mer lui obéissent ? »

Prière sur les offrandes

Seigneur Dieu, dans ta bonté, tu donnes à tes mystères de produire leurs effets ; nous t'en prions : que notre liturgie soit accordée à la sainteté de ces dons. Par le Christ, notre Seigneur. ***— Amen.***

Antienne de la communion

Bénis le Seigneur, ô mon âme,
bénis son nom très saint,
tout mon être ! (Ps 102, 1)

OU

Père, je te prie pour eux :
qu'ils soient un en nous, eux aussi,
pour que le monde croie
que tu m'as envoyé, dit le Seigneur.
(cf. Jn 17, 20-21)

Prière après la communion

Nous t'en prions, Seigneur, donne-nous d'être vivifiés par le sacrifice divin que nous avons offert et reçu en communion ; ainsi, reliés à toi par une charité qui ne passera jamais, nous porterons un fruit qui demeure pour toujours. Par le Christ, notre Seigneur.
— Amen.

INVITATION

En ce premier jour de juillet, je confie à Dieu tous ceux qui ne peuvent pas partir en vacances.

COMMENTAIRE

Insubmersibles Matthieu 8, 23-27

Tempête sur le lac, tempête sur le monde et dans nos vies, parfois. « Lui cependant dormait. » Nous périssons et Jésus dort ! Mais il est là, dans la barque, et sa présence ne prétend pas nous épargner la précarité de nos vies. Il est là pour redire à notre peur : « Tais-toi, laisse à la foi juste l'espace d'un murmure pour s'y ancrer. » Il est celui qui sait que rien ne peut nous engloutir. ■

Colette Hamza,* *xavière

❊ CLÉ DE LECTURE

« Ne regarde pas en arrière » Genèse 19, 17 *(p. 14)*

La Bible n'est pas un manuel de morale. Loin d'une rigidité normative, elle décrit une humanité qui peine pour survivre, selon le dessein de Dieu qui veut la vie. Le désert de sel sur le site supposé de Sodome en est le contre-exemple. Loth a évité de justesse aux deux visiteurs d'être abusés par les hommes de Sodome. Aussi doit-il fuir, sans se retourner vers un lieu devenu un lieu de mort et d'infécondité. Il doit avancer vers la vie. Or, sa descendance, assurée par ses propres filles, est le fruit d'un inceste (Gn 19, 36-38) ; leurs enfants seront les pères des voisins d'Israël, Ammon et Moab. Ne crions pas trop vite au scandale ! Notre histoire est tissée de retours en arrière vers la mort, et nous peinons, hélas, à faire triompher une vie juste. ■

Roselyne Dupont-Roc,* *bibliste

MERCREDI 2 JUILLET 2025

13E SEMAINE DU TEMPS ORDINAIRE COULEUR LITURGIQUE : VERT

Temps ordinaire, *suggestion d'oraisons et d'antiennes n° 14*

Antienne d'ouverture

Dieu, nous accueillons ta miséricorde au milieu de ton temple.
Ta louange, comme ton nom, Seigneur Dieu, couvre l'étendue de la terre.
Ta main droite est pleine de justice. (cf. Ps 47, 10-11)

Prière

Seigneur Dieu, par l'abaissement de ton Fils, tu as relevé le monde déchu ; donne à tes fidèles une joie sainte : tu les as tirés de l'esclavage du péché ; fais-leur connaître le bonheur éternel. Par Jésus… ***— Amen.***

Lecture

du livre de la Genèse (21, 5.8-20)

« Le fils de cette servante ne doit pas partager l'héritage de mon fils Isaac »

Abraham avait cent ans quand naquit son fils Isaac. L'enfant grandit, et il fut sevré. Abraham donna un grand festin le jour où Isaac fut sevré. Or, Sara regardait s'amuser Ismaël, ce fils qu'Abraham avait eu d'Agar l'Égyptienne. Elle dit à Abraham : « Chasse cette servante et son fils ; car le fils de cette servante ne doit pas partager l'héritage de mon fils Isaac. » Cette parole attrista beaucoup Abraham, à cause de son fils Ismaël, mais Dieu lui dit : « Ne sois pas triste à cause du garçon et de ta servante ; écoute tout ce que Sara te dira, car c'est par Isaac qu'une descendance portera ton nom ; mais je ferai aussi une nation du fils de la servante, car lui aussi est de ta descendance. » Abraham se leva de bon matin, il prit du pain et une outre d'eau, il les posa sur l'épaule d'Agar, il lui remit l'enfant, puis il la renvoya. Elle partit et alla errer dans le désert de Bershéba. Quand l'eau de l'outre fut épuisée, elle laissa l'enfant sous un buisson, et alla s'asseoir non loin de là, à la distance d'une portée de flèche. Elle se disait : « Je ne veux pas voir mourir l'enfant ! » Elle s'assit non loin de là. Elle éleva la voix et pleura. Dieu entendit la voix du petit garçon ; et du ciel, l'ange de Dieu appela Agar : « Qu'as-tu, Agar ? Sois sans crainte, car Dieu a entendu la voix du petit garçon, sous le buisson où il était. Debout ! Prends le garçon et tiens-le par la main, car je ferai de lui une grande nation*. » Alors, Dieu ouvrit les yeux d'Agar, et elle aperçut un puits. Elle alla remplir l'outre et fit boire le garçon. Dieu fut avec lui, il grandit et habita au désert, et il devint un tireur à l'arc. – Parole du Seigneur.

Psaume 33 (34)

℟ ***Un pauvre crie ; le Seigneur entend.***

Un pauvre crie ; le Seigneur entend :
il le sauve de toutes ses angoisses.
L'ange du Seigneur campe alentour
pour libérer ceux qui le craignent. ℟

Saints du Seigneur, adorez-le :
rien ne manque à ceux qui le craignent.
Des riches ont tout perdu, ils ont faim ;
qui cherche le Seigneur ne manquera
d'aucun bien. ℟

Venez, mes fils, écoutez-moi,
que je vous enseigne la crainte du Seigneur.

Qui donc aime la vie
et désire les jours où il verra le bonheur ? ℟

Acclamation de l'Évangile

Alléluia. Alléluia. Le Père a voulu nous engendrer, par sa parole de vérité, pour faire de nous comme les prémices de ses créatures. ***Alléluia.***

Évangile de Jésus Christ

selon saint Matthieu (8, 28-34)

« Es-tu venu pour nous tourmenter avant le moment fixé ? »

En ce temps-là, comme Jésus arrivait sur l'autre rive, dans le pays des Gadaréniens, deux possédés sortirent d'entre les tombes à sa rencontre ; ils étaient si agressifs que personne ne pouvait passer par ce chemin. Et voilà qu'ils se mirent à crier : « Que nous veux-tu, Fils de Dieu ? Es-tu venu pour nous tourmenter avant le moment fixé ? »

Or, il y avait au loin un grand troupeau de porcs qui cherchait sa nourriture. Les démons suppliaient Jésus : « Si tu nous expulses, envoie-nous dans le troupeau de porcs. » Il leur répondit : « Allez. » Ils sortirent et ils s'en allèrent dans les porcs ; et voilà que, du haut de la falaise, tout le troupeau se précipita dans la mer, et les porcs moururent dans les flots.

Les gardiens prirent la fuite et s'en allèrent dans la ville annoncer tout cela, et en particulier ce qui était arrivé aux possédés. Et voilà que toute la ville sortit à la rencontre de Jésus ; et lorsqu'ils le virent, les gens le supplièrent de partir de leur territoire.

Prière sur les offrandes

Puissions-nous être purifiés, Seigneur, par l'offrande consacrée à ton nom ; qu'elle nous conduise, de jour en jour, à vivre de la vie du ciel. Par le Christ, notre Seigneur. — ***Amen.***

Antienne de la communion

Goûtez et voyez : le Seigneur est bon !
Heureux qui trouve en lui son refuge !
(Ps 33, 9)

OU

Venez à moi, vous tous qui peinez
sous le poids du fardeau,
et moi, je vous procurerai le repos,
dit le Seigneur.
(Mt 11, 28)

Prière après la communion

Comblés de si grands bienfaits, nous te supplions, Seigneur : fais que nous en retirions des fruits pour notre salut et que jamais nous ne cessions de chanter ta louange. Par le Christ, notre Seigneur. — ***Amen.***

INVITATION

Je peux prier aujourd'hui pour tous les jeunes en attente de leurs résultats d'examen ou de concours. Qu'ils aient foi en leur avenir.

COMMENTAIRE

Expulsions

Matthieu 8, 28-34

Sur l'autre rive, deux êtres déshumanisés habitent des tombeaux. Ils barrent la route à tout humain. Mais le Fils de Dieu va facilement vaincre les forces du Mal qui les habitent. « Allez », ordonne-t-il, allez au lieu qui est le vôtre dans l'impur et la mort. Mais voilà que Jésus est à son tour expulsé hors du territoire par les gens du pays, comme à sa Passion. Qu'il est difficile de laisser triompher la vie ! ■

***Colette Hamza**, xavière*

❊ CLÉ DE LECTURE

« Une grande nation »

Genèse 21, 18 *(p. 19)*

Une admirable leçon de respect de l'autre, fût-il l'étranger et parfois l'ennemi ! Les auteurs bibliques n'ont pas hésité à garder ces récits qui assombrissent quelque peu la figure de Sara, la matriarche d'Israël, au profit de sa servante Agar. Ils savent que, dans les plus hauts personnages, la jalousie peut s'infiltrer. Mais ils vont plus loin : on a remarqué depuis longtemps qu'Agar était celle qui recevait la première « annonciation » de la Bible (Gn 16, 11), avant même qu'un fils ne soit annoncé à Sara. Elle est la mère d'Ismaël, l'ancêtre de tribus arabes, et la tradition biblique reconnaît ici non seulement la parenté étroite avec ces tribus descendantes d'Abraham, mais aussi le fait qu'elles sont l'objet d'une promesse de Dieu. ■

***Roselyne Dupont-Roc**, bibliste*

JEUDI 3 JUILLET 2025

COULEUR LITURGIQUE : ROUGE

Saint Thomas

Ier siècle. L'un des douze Apôtres. Devant l'annonce de la résurrection de Jésus, il se montra d'abord incrédule, puis exprima sa foi en disant : « Mon Seigneur et mon Dieu ! » (Jn 20, 28).

Antienne d'ouverture

Tu es mon Dieu, je te rends grâce, mon Dieu, je t'exalte !
Je te rends grâce, car tu es pour moi le salut. (cf. Ps 117, 28.21)

Gloire à Dieu *(p. 216)*

Prière

Accorde-nous, Dieu tout-puissant, de célébrer avec fierté le bienheureux apôtre Thomas, afin que, toujours soutenus par sa protection, nous ayons la vie en mettant notre foi dans le nom de celui que l'apôtre a reconnu comme Seigneur : Jésus Christ, ton Fils. Lui qui… ***— Amen.***

Lectures propres à la fête de saint Thomas.

Lecture

de la lettre de saint Paul apôtre aux Éphésiens (2, 19-22)

« Intégrés dans la construction qui a pour fondations les Apôtres »

Frères, vous n'êtes plus des étrangers ni des gens de passage, vous êtes concitoyens des saints, vous êtes membres de la famille de Dieu, car vous avez été intégrés dans la construction qui a pour fondations les Apôtres et les prophètes ; et la pierre angulaire, c'est le Christ Jésus

lui-même. En lui, toute la construction s'élève harmonieusement pour devenir un temple saint dans le Seigneur. En lui, vous êtes, vous aussi, les éléments d'une même construction pour devenir une demeure de Dieu par l'Esprit Saint.
– Parole du Seigneur.

Psaume 116 (117)

℟ ***Allez dans le monde entier. Proclamez l'Évangile.***
OU ***Alléluia !***

Louez le Seigneur,
tous les peuples ;
fêtez-le, tous les pays ! ℟

Son amour envers nous
s'est montré le plus fort ;
éternelle est la fidélité du Seigneur ! ℟

Acclamation de l'Évangile

Alléluia. Alléluia. Thomas, parce que tu m'as vu, tu crois, dit le Seigneur. Heureux ceux qui croient sans avoir vu ! ***Alléluia.***

Évangile de Jésus Christ

selon saint Jean (20, 24-29)

« Mon Seigneur et mon Dieu ! »

L'un des Douze, Thomas, appelé Didyme (c'est-à-dire Jumeau), n'était pas avec eux quand Jésus était venu. Les autres disciples lui disaient : « Nous avons vu le Seigneur ! » Mais il leur déclara : « Si je ne vois pas dans ses mains la marque des clous, si je ne mets pas

mon doigt dans la marque des clous, si je ne mets pas la main dans son côté, non, je ne croirai pas ! »
Huit jours plus tard, les disciples se trouvaient de nouveau dans la maison, et Thomas était avec eux. Jésus vient, alors que les portes étaient verrouillées, et il était là au milieu d'eux. Il dit : « La paix soit avec vous ! » Puis il dit à Thomas : « Avance ton doigt ici, et vois mes mains ; avance ta main, et mets-la dans mon côté : cesse d'être incrédule, sois croyant. » Alors Thomas lui dit : « Mon Seigneur et mon Dieu ! » Jésus lui dit : « Parce que tu m'as vu, tu crois. Heureux ceux qui croient sans avoir vu. »

Prière sur les offrandes

En te rendant, Seigneur, l'hommage de notre service, nous t'adressons cette prière : entretiens en nous tes dons par le sacrifice de louange que nous t'offrons en ce jour où nous rappelons le témoignage du bienheureux apôtre Thomas. Par le Christ, notre Seigneur. — ***Amen.***

Préface des Apôtres, p. 223.

Antienne de la communion

Avance ta main, touche du doigt
l'endroit des clous ;
cesse d'être incrédule, sois croyant.
(cf. Jn 20, 27)

Prière après la communion
Seigneur Dieu, dans ce sacrement, nous avons vraiment reçu le corps de ton Fils unique ; avec l'apôtre Thomas, nous reconnaissons dans la foi qu'il est notre Seigneur et notre Dieu : donne-nous de le proclamer par toute notre vie. Lui qui… — ***Amen.***

INVITATION

Comme Thomas, peut-être ai-je moi aussi besoin de preuves pour croire ?
Je peux m'attacher à être attentif aux nombreux signes de la présence du Christ autour de moi.

COMMENTAIRE

Mon Seigneur !

Jean 20, 24-29

Nous fêtons Thomas, qui ne veut pas croire par ouïe dire mais qui a besoin de vivre une rencontre. Jésus l'exauce dans un corps à corps, où Thomas, plus que toucher, est touché au plus intime. Sa confession l'atteste : « Mon Seigneur et mon Dieu. » Avec Thomas, il nous faut passer du « Seigneur » à « mon Seigneur », dans une rencontre unique et singulière. Pour ensuite lier cette foi intime à celle de tous les ***autres et s'y appuyer.*** ■

Colette Hamza, xavière

VENDREDI 4 JUILLET 2025

13E SEMAINE DU TEMPS ORDINAIRE COULEUR LITURGIQUE : VERT

Temps ordinaire, *suggestion d'oraisons et d'antiennes n° 15*
ou **sainte Élisabeth de Portugal,** *voir p. 32*

Antienne d'ouverture

Moi, par ta justice, je verrai ta face ; quand ta gloire se manifestera, je serai rassasié. (cf. Ps 16, 15)

Prière

Seigneur Dieu, tu montres aux égarés la lumière de ta vérité pour qu'ils puissent reprendre le bon chemin ; donne à tous ceux qui se déclarent chrétiens de rejeter ce qui est contraire à ce nom et de rechercher ce qui lui fait honneur. Par Jésus…

— Amen.

Lecture

du livre de la Genèse (23, 1-4.19 ; 24, 1-8.62-67)

« Isaac aima Rébecca et se consola de la mort de sa mère »

Sara vécut cent vingt-sept ans. Elle mourut à Kiriath-Arba, c'est-à-dire à Hébron, dans le pays de Canaan. Abraham s'y rendit pour le deuil et les lamentations. Puis il laissa le corps pour aller parler aux Hittites qui habitaient le pays : « Je ne suis qu'un immigré, un hôte, parmi vous ; accordez-moi d'acquérir chez vous une propriété funéraire où je pourrai enterrer cette morte. » Abraham ensevelit sa femme Sara dans la caverne du champ de Macpéla, qui est en face de Mambré, c'est-à-dire à Hébron, dans

le pays de Canaan. Abraham était vieux, avancé en âge, et le Seigneur l'avait béni en toute chose. Abraham dit au plus ancien serviteur de sa maison, l'intendant de tous ses biens : « Je te fais prêter serment par le Seigneur, Dieu du ciel et Dieu de la terre : tu ne prendras pas pour mon fils une épouse parmi les filles des Cananéens au milieu desquels j'habite. Mais tu iras dans mon pays, dans ma parenté, chercher une épouse pour mon fils Isaac. » Le serviteur lui demanda : « Et si cette femme ne consent pas à me suivre pour venir ici ? Devrai-je alors ramener ton fils dans le pays d'où tu es sorti ? » Abraham lui répondit : « Garde-toi d'y ramener mon fils ! Le Seigneur, le Dieu du ciel, lui qui m'a pris de la maison de mon père et du pays de ma parenté, m'a déclaré avec serment : "À ta descendance je donnerai le pays que voici." C'est lui qui enverra son ange devant toi, et tu prendras là-bas une épouse pour mon fils. Si cette femme ne consent pas à te suivre, tu seras dégagé du serment que je t'impose. Mais, en tout cas, tu n'y ramèneras pas mon fils. »
Un jour, Isaac s'en revenait du puits de Lahaï-Roï. Il habitait alors le Néguev. Il était sorti à la tombée du jour, pour se promener dans la campagne, lorsque, levant les yeux, il vit arriver des chameaux. Rébecca, levant les yeux elle aussi, vit Isaac. Elle sauta à bas de son chameau et dit au serviteur : « Quel est cet homme qui vient dans la campagne à notre rencontre ? » Le serviteur répondit : « C'est mon maître. » Alors elle prit son voile et s'en couvrit. Le serviteur raconta à Isaac tout ce qu'il avait fait. Isaac introduisit Rébecca dans la tente de sa mère Sara ; il l'épousa, elle devint sa femme, et il l'aima. Et Isaac se consola de la mort de sa mère.
– Parole du Seigneur.

Psaume 105 (106)

℟ ***Rendez grâce au Seigneur : Il est bon !***
ou ***Alléluia !***

Rendez grâce au Seigneur : Il est bon !
Éternel est son amour !
Qui dira les hauts faits du Seigneur,
qui célébrera ses louanges ? ℟

Heureux qui pratique la justice,
qui observe le droit en tout temps !

Souviens-toi de moi, Seigneur,
dans ta bienveillance pour ton peuple. ℟

Toi qui le sauves, visite-moi :
que je voie le bonheur de tes élus ;
que j'aie part à la joie de ton peuple,
à la fierté de ton héritage. ℟

Acclamation de l'Évangile

Alléluia. Alléluia. Venez à moi, vous tous qui peinez sous le poids du fardeau, dit le Seigneur, et moi, je vous procurerai le repos. ***Alléluia.***

Évangile de Jésus Christ

selon saint Matthieu (9, 9-13)

« Ce ne sont pas les gens bien portants qui ont besoin du médecin. Je veux la miséricorde, non le sacrifice »

En ce temps-là, Jésus vit, en passant, un homme, du nom de Matthieu, assis à son bureau de collecteur d'impôt. Il lui dit : « Suis-moi. » L'homme se leva et le suivit. Comme Jésus était à table à la maison, voici que beaucoup de publicains (c'est-à-dire des collecteurs

d'impôts) et beaucoup de pécheurs vinrent prendre place avec lui et ses disciples. Voyant cela, les pharisiens disaient à ses disciples : « Pourquoi votre maître mange-t-il avec les publicains et les pécheurs ? » Jésus, qui avait entendu, déclara : « Ce ne sont pas les gens bien portants qui ont besoin du médecin, mais les malades. Allez apprendre ce que signifie : *Je veux la miséricorde, non le sacrifice.* En effet, je ne suis pas venu appeler des justes, mais des pécheurs. »

Prière sur les offrandes

Regarde, Seigneur, les dons de l'Église qui te supplie : accorde à tes fidèles qui vont les recevoir la grâce d'une sainteté plus grande. Par le Christ, notre Seigneur. — ***Amen.***

Antienne de la communion

Le passereau lui-même
s'est trouvé une maison,
et la tourterelle, un nid pour abriter
sa couvée : tes autels, Seigneur
de l'univers, mon Roi et mon Dieu !
Heureux les habitants de ta maison :
ils te loueront pour les siècles
des siècles. (cf. Ps 83, 4-5)

OU

Celui qui mange ma chair
et boit mon sang demeure en moi,
et moi, je demeure en lui,
dit le Seigneur.
(Jn 6, 56)

Prière après la communion
Nous avons reçu tes bienfaits, Seigneur, et nous te supplions : chaque fois que nous célébrons ce mystère, fais grandir en nous ton œuvre de salut. Par le Christ, notre Seigneur. **— *Amen.***

INVITATION

Je m'applique à lire l'Écriture et, par ma parole et ma conduite, j'encourage des plus jeunes à faire de même.

COMMENTAIRE

Un regard et un appel Matthieu 9, 9-13

Jésus passant, voit Matthieu, le collecteur d'impôts. Et ce regard passant devient appel : « Suis-moi. » Ne passons pas trop vite… pas sans l'autre, regardé à hauteur de visage. On ne sait jamais ce qui peut arriver, au-delà de l'apparence, de l'infréquentable ! Sur une parole, un geste, une vie se lève et se remet en route. Miséricordieuse attention de Jésus qui appelle la nôtre, sans jugement ni exclusivité. ■

***Colette Hamza**, xavière*

Sainte Élisabeth de Portugal

Couleur liturgique : blanc

1271-1336. Épouse du roi Denis de Portugal, mère de famille exemplaire, elle œuvra pour la paix et fut une grande amie des pauvres.

Antienne d'ouverture

À pleines mains, il donne au pauvre ;
à jamais se maintiendra sa justice,
sa puissance grandira, et sa gloire.
(Ps 111, 9)

Prière

Dieu, source de la paix, toi qui aimes la charité, tu as donné à sainte Élisabeth de Portugal une grâce merveilleuse pour réconcilier les adversaires ; accorde-nous, à son intercession, de travailler au service de la paix, et de pouvoir ainsi être appelés enfants de Dieu. Par Jésus… **— *Amen.***

Prière sur les offrandes

Accueille, Seigneur, les dons offerts par ton peuple ; et puisque nous rappelons l'œuvre d'amour infini accomplie par ton Fils, donne-nous, à l'exemple de sainte Élisabeth de Portugal, d'être affermis dans notre amour pour toi et pour le prochain. Par le Christ, notre Seigneur. **— *Amen.***

Antienne de la communion

Il n'y a pas de plus grand amour
que de donner sa vie pour ses amis,
dit le Seigneur.
(cf. Jn 15, 13)

Prière après la communion

Nourris et comblés de ce sacrement du salut, nous implorons ta bonté, Seigneur : fais qu'en pratiquant la charité à l'imitation de sainte Élisabeth de Portugal, nous ayons aussi part à sa gloire. Par le Christ, notre Seigneur.
— *Amen.*

SAMEDI 5 JUILLET 2025

13e SEMAINE DU TEMPS ORDINAIRE COULEUR LITURGIQUE : VERT

Temps ordinaire, *suggestion d'oraisons et d'antiennes n° 16*
ou **bienheureuse Vierge Marie,** *voir p. 38*
ou **saint Antoine-Marie Zaccaria**

Antienne d'ouverture

Voici que Dieu vient à mon aide, le Seigneur est le soutien de mon âme. De grand cœur, je t'offrirai le sacrifice, je confesserai ton nom, car il est bon ! (cf. Ps 53, 6.8)

Prière

Sois favorable à tes fidèles, Seigneur, et, dans ta bonté, multiplie pour eux les dons de ta grâce, afin que, brûlant de charité, de foi et d'espérance, ils soient toujours vigilants pour garder tes commandements. Par Jésus… ***— Amen.***

Lecture

du livre de la Genèse (27, 1-5.15-29)

« Jacob a volé mon droit d'aînesse et ma bénédiction », déclare Ésaü

Isaac était devenu vieux, ses yeux avaient faibli et il n'y voyait plus. Il appela Ésaü, son fils aîné : « Mon fils ! » Celui-ci répondit : « Me voici. » Isaac reprit : « Tu vois : je suis devenu vieux, mais je ne sais pas le jour de ma mort. Prends donc maintenant tes armes, ton carquois et ton arc, sors dans la campagne et tue-moi du gibier. Prépare-moi un bon plat comme je les aime et apporte-le-moi pour que je mange, et que je te bénisse avant de mourir. » Pendant qu'Isaac parlait ainsi à son fils Ésaü,

Rébecca écoutait. Ésaü alla donc dans la campagne chasser du gibier pour son père.
Rébecca prit les meilleurs habits d'Ésaü, son fils aîné, ceux qu'elle gardait à la maison ; elle en revêtit Jacob, son fils cadet. Puis, avec des peaux de chevreau, elle lui couvrit les mains et la partie lisse du cou. Elle remit ensuite entre ses mains le plat et le pain qu'elle avait préparés. Jacob entra chez son père et dit : « Mon père ! » Celui-ci répondit : « Me voici. Qui es-tu, mon fils ? » Jacob dit à son père : « Je suis Ésaü, ton premier-né ; j'ai fait ce que tu m'as dit. Viens donc t'asseoir, mange de mon gibier ; alors, tu pourras me bénir. » Isaac lui dit : « Comme tu as trouvé vite, mon fils ! » Jacob répondit : « C'est que le Seigneur, ton Dieu, a favorisé ma chasse. » Isaac lui dit : « Approche donc, mon fils, que je te palpe, pour savoir si tu es bien mon fils Ésaü ! » Jacob s'approcha de son père Isaac. Celui-ci le palpa et dit : « La voix est la voix de Jacob, mais les mains sont les mains d'Ésaü. » Il ne reconnut pas Jacob car ses mains étaient velues comme celles de son frère Ésaü, et il le bénit. Il dit encore : « C'est bien toi mon fils Ésaü ? » Jacob répondit : « C'est bien moi. » Isaac reprit : « Apporte-moi le gibier, mon fils, j'en mangerai, et alors je pourrai te bénir. » Jacob le servit, et il mangea. Jacob lui présenta du vin, et il but. Son père Isaac dit alors : « Approche-toi et embrasse-moi, mon fils. » Comme Jacob s'approchait et l'embrassait, Isaac respira l'odeur de ses vêtements, et il le bénit en disant : « Voici que l'odeur de mon fils est comme l'odeur d'un champ que le Seigneur a béni. Que Dieu te donne la rosée du ciel et une terre fertile, froment et vin nouveau en abondance ! Que des peuples te servent, que des

nations se prosternent devant toi. Sois un chef pour tes frères, que les fils de ta mère se prosternent devant toi. Maudit soit celui qui te maudira, béni soit celui qui te bénira ! »
– Parole du Seigneur.

Psaume 134 (135)

℟ ***Louez la bonté du Seigneur, célébrez la douceur de son nom.***
OU ***Alléluia !***

Louez le n**o**m du Seigneur,
louez-le, servite**u**rs du Seigneur
qui veillez dans la mais**o**n du Seigneur,
dans les parvis de la mais**o**n de notre Dieu. ℟

Louez la bont**é** du Seigneur,
célébrez la douce**u**r de son nom.
C'est Jacob que le Seigne**u**r a choisi,
Israël dont il a f**a**it son bien. ℟

Je le sais, le Seigne**u**r est grand :
notre Maître est plus gr**a**nd
que tous les dieux.
Tout ce que veut le Seigne**u**r, il le fait
au ciel et sur la terre, dans les mers
et jusqu'au f**o**nd des abîmes. ℟

Acclamation de l'Évangile

Alléluia. Alléluia. Mes brebis écoutent ma voix, dit le Seigneur ; moi, je les connais, et elles me suivent. ***Alléluia.***

Évangile de Jésus Christ

selon saint Matthieu (9, 14-17)

« Les invités de la noce pourraient-ils donc être en deuil pendant le temps où l'Époux est avec eux ? »

En ce temps-là, les disciples de Jean le Baptiste s'approchèrent de Jésus en disant : « Pourquoi, alors que nous et les pharisiens, nous jeûnons, tes disciples ne jeûnent-ils pas ? » Jésus leur répondit : « Les invités de la noce pourraient-ils donc être en deuil pendant le temps où l'Époux est avec eux ? Mais des jours viendront où l'Époux leur sera enlevé ; alors ils jeûneront. Et personne ne pose une pièce d'étoffe neuve sur un vieux vêtement, car le morceau ajouté tire sur le vêtement, et la déchirure s'agrandit. Et on ne met pas du vin nouveau dans de vieilles outres ; autrement, les outres éclatent, le vin se répand, et les outres sont perdues. Mais on met le vin nouveau dans des outres neuves, et le tout se conserve. »

Prière sur les offrandes

Seigneur Dieu, dans le sacrifice unique et parfait de ton Fils, tu as porté à leur achèvement les multiples sacrifices de l'ancienne Loi ; reçois maintenant le sacrifice offert par tes fidèles serviteurs et sanctifie-le comme tu as béni les présents d'Abel : que les dons offerts par chacun pour honorer ta gloire servent au salut de tous. Par le Christ, notre Seigneur. — ***Amen.***

Antienne de la communion

Le Seigneur est tendresse et pitié ;
de ses merveilles il a laissé
un mémorial. Il a donné des vivres
à ceux qui le craignent.
(cf. Ps 110, 4-5)
OU Voici que je me tiens à la porte,
et je frappe, dit le Seigneur.
Si quelqu'un entend ma voix et ouvre
la porte, j'entrerai chez lui ;
je prendrai mon repas avec lui,
et lui avec moi. (Ap 3, 20)

Prière après la communion

Dans ta bienveillance, reste auprès de ton peuple, nous t'en prions, Seigneur ; puisque tu l'as initié aux sacrements du ciel, fais-le passer de ce qui est ancien à la vie nouvelle. Par le Christ, notre Seigneur. — ***Amen.***

INVITATION

À vin nouveau, outre neuve ! Je peux mettre à profit cet été pour réfléchir à un point concret d'effort pour ma vie de foi, à mettre en pratique dès la rentrée.

COMMENTAIRE

Tous conviés à la fête Matthieu 9, 14-17

Jeûner ou ne pas jeûner ? Est-ce la vraie question posée ici ? N'est-ce pas plutôt celle de l'ancien et du nouveau ? Ce qui est en jeu, c'est la nouveauté qu'inaugure Jésus et qui fait passer tout le reste au second plan. Il n'est pas venu rapiécer mais renouveler. Invitation à habiller de neuf le regard et le cœur et à ne pas bouder, au nom de ce qui s'est toujours fait, la fête à laquelle chacun et chacune est convié. ■

***Colette Hamza**, xavière*

Bienheureuse Vierge Marie

Couleur liturgique : blanc ou vert

Les samedis du temps ordinaire sans mémoire obligatoire, on peut faire mémoire de la Vierge Marie, selon une tradition qui honore la foi et l'espérance sans défaut de Marie le Samedi saint.

Antienne d'ouverture

Bienheureuse es-tu, Vierge Marie :
tu as porté le Créateur de l'univers,
tu as mis au monde celui qui t'a faite,
et tu demeures toujours vierge.

Prière

Dieu de miséricorde, viens au secours de notre faiblesse : puisque nous faisons mémoire de la sainte Mère de Dieu, fais que, soutenus par son intercession, nous soyons relevés de nos péchés. Par Jésus Christ… — ***Amen.***

OU

Que vienne à notre aide, Seigneur, nous t'en prions, l'admirable intercession de la bienheureuse Marie toujours vierge ; qu'elle nous obtienne la joie de vivre dans la paix que tu nous donnes, délivrés de tout péril. Par Jésus Christ… — ***Amen.***

Prière sur les offrandes

En rendant hommage à la Mère de ton Fils, Seigneur, nous te supplions : que le sacrifice offert en ce jour fasse de nous, par le don de ta grâce, une éternelle offrande à ta gloire. Par le Christ, notre Seigneur. — ***Amen.***

Antienne de la communion

Le Puissant fit pour moi des merveilles ; Saint est son nom. (Lc 1, 49)

Prière après la communion

Tu nous as fait participer à la rédemption éternelle, et nous te prions, Seigneur : alors que nous faisons mémoire de la Mère de ton Fils, comblenous de la plénitude de ta grâce, et fais-nous éprouver toujours davantage les effets du salut. Par le Christ, notre Seigneur. — ***Amen.***

DIMANCHE 6 JUILLET 2025

14E DIMANCHE DU TEMPS ORDINAIRE

ANNÉE C – COULEUR LITURGIQUE : VERT

« Dans toute maison où vous entrerez, dites d'abord : "Paix à cette maison." » Luc 10, 5

Réjouissez-vous ! Au regard des mauvaises nouvelles égrenées par les chaînes d'informations, de l'état du monde et de celui de l'Église en Occident, cette invitation à l'allégresse est surprenante. Comment être joyeux ? Jésus précise comment et de quoi se réjouir : en comptant sur la miséricorde, car l'amour infini du Père est pour nous source de joie.

RITES INITIAUX

Chant d'entrée *(Suggestions p. 243)*

OU

Antienne d'ouverture

Dieu, nous accueillons ta miséricorde au milieu de ton temple. Ta louange, comme ton nom, Seigneur Dieu, couvre l'étendue de la terre. Ta main droite est pleine de justice. (cf. Ps 47, 10-11)

Suggestion de préparation pénitentielle *(ou p. 214)*

La croix du Christ a révélé la miséricorde qui sauve tous les hommes. En reconnaissant notre péché, implorons cet amour infini. Qu'il soit notre force et notre joie.

Seigneur Jésus, toi le Prince de la paix, tu viens habiter nos cœurs, prends pitié de nous.

— Prends pitié de nous.

Ô Christ, toi la grâce du salut, tu nous fais miséricorde, prends pitié de nous.

— Prends pitié de nous.

Seigneur, toi la joie pour tous les hommes, tu es notre espérance, prends pitié de nous.

— Prends pitié de nous.

Que Dieu tout-puissant nous fasse miséricorde ; qu'il nous pardonne nos péchés et nous conduise à la vie éternelle. ***— Amen.***

Gloire à Dieu (p. 216)

Prière
Seigneur Dieu, par l'abaissement de ton Fils, tu as relevé le monde déchu ; donne à tes fidèles une joie sainte : tu les as tirés de l'esclavage du péché ; fais-leur connaître le bonheur éternel. Par Jésus…
— Amen.

LITURGIE DE LA PAROLE

Lecture du livre du prophète Isaïe (66, 10-14c)

« Voici que je dirige vers elle la paix comme un fleuve »

Réjouissez-vous avec Jérusalem ! Exultez en elle, vous tous qui l'aimez ! Avec elle, soyez pleins d'allégresse, vous tous qui la pleuriez ! Alors, vous serez nourris de son lait, rassasiés de ses consolations ; alors, vous goûterez avec délices à l'abondance de sa gloire. Car le Seigneur le déclare : « Voici que je dirige vers elle la paix comme un fleuve et, comme un torrent qui déborde, la gloire des nations. » Vous serez nourris, portés sur la hanche ; vous serez choyés sur ses genoux. Comme un enfant que sa mère console, ainsi, je vous consolerai. Oui, dans Jérusalem, vous serez consolés. Vous verrez, votre cœur sera dans l'allégresse ; et vos os revivront comme l'herbe reverdit. Le Seigneur fera connaître sa puissance à ses serviteurs. – Parole du Seigneur.

Psaume 65 (66)

℟ ***Terre entière, acclame Dieu, chante le Seigneur !***

T. : AELF ; M. : J.-P. Lécot ; Éd. : ADF.

Acclamez Dieu, toute la terre ;
fêtez la gloire de son nom,
glorifiez-le en célébrant sa louange.
Dites à Dieu : « Que tes actions sont redoutables ! » ℟

Toute la terre se prosterne devant toi,
elle chante pour toi, elle chante pour ton nom.
Venez et voyez les hauts faits de Dieu,
ses exploits redoutables pour les fils des hommes. ℟

Écoutez ce psaume sur
www.prionseneglise.fr/
messe-du-dimanche

Il changea la mer en terre ferme :
ils passèrent le fleuve à pied sec.
De là, cette joie qu'il nous donne.
Il règne à jamais par sa puissance. ℟

Venez, écoutez, vous tous qui craignez Dieu :
je vous dirai ce qu'il a fait pour mon âme.
Béni soit Dieu qui n'a pas écarté ma prière,
ni détourné de moi son amour ! ℟

Lecture de la lettre de saint Paul apôtre aux Galates (6, 14-18)

« Je porte dans mon corps les marques des souffrances de Jésus »

Frères, pour moi, que la croix de notre Seigneur Jésus Christ reste ma seule fierté. Par elle, le monde est crucifié pour moi, et moi pour le monde. Ce qui compte, ce n'est pas d'être circoncis ou incirconcis, c'est d'être une création nouvelle. Pour tous ceux qui marchent selon cette règle de vie et pour l'Israël de Dieu, paix et miséricorde. Dès lors, que personne ne vienne me tourmenter, car je porte dans mon corps les marques des souffrances de Jésus. Frères, que la grâce de notre Seigneur Jésus Christ soit avec votre esprit. Amen.

– Parole du Seigneur.

Acclamation de l'Évangile

Alléluia. Alléluia. Que dans vos cœurs, règne la paix du Christ ; que la parole du Christ habite en vous dans toute sa richesse. ***Alléluia.***

T. : AELF ; M. : P. Robert.

Évangile de Jésus Christ selon saint Luc (10, 1-12.17-20)

Lecture brève : 10, 1-9

« Votre paix ira reposer sur lui »

En ce temps-là, parmi les disciples, le Seigneur en désigna encore 72, et il les envoya deux par deux, en avant de lui, en toute ville et localité où lui-même allait se rendre. Il leur dit : « La moisson est abondante, mais les ouvriers sont peu nombreux. Priez donc le maître de la moisson d'envoyer des ouvriers pour sa moisson. Allez ! Voici que je vous envoie comme des agneaux au milieu des loups. Ne portez ni bourse, ni sac, ni sandales, et ne saluez personne en chemin. Mais dans toute maison où vous entrerez, dites d'abord : "Paix à cette maison." S'il y a là un ami de la paix, votre paix ira reposer sur lui ; sinon, elle reviendra sur vous. Restez dans cette maison, mangeant et buvant ce que l'on vous sert ; car l'ouvrier mérite son salaire. Ne passez pas de maison en maison. Dans toute ville où vous entrerez et où vous serez accueillis, mangez ce qui vous est présenté. Guérissez les malades qui s'y trouvent et dites-leur : "Le règne de Dieu s'est approché de vous."

Fin de la lecture brève

« Mais dans toute ville où vous entrerez et où vous ne serez pas accueillis, allez sur les places et dites : "Même la poussière de votre ville, collée à nos pieds, nous l'enlevons pour vous la laisser. Toutefois, sachez-le : le règne de Dieu s'est approché." Je vous le déclare : au dernier jour, Sodome sera mieux traitée que cette ville. »

Les 72 disciples revinrent tout joyeux, en disant : « Seigneur, même les démons nous sont soumis en ton nom. » Jésus leur dit : « Je regardais Satan tomber du ciel comme l'éclair. Voici que je vous ai donné le pouvoir d'écraser serpents et scorpions, et sur toute la puissance de l'Ennemi : absolument rien ne pourra vous nuire. Toutefois, ne vous réjouissez pas parce que les esprits vous sont soumis ; mais réjouissez-vous parce que vos noms se trouvent inscrits dans les cieux. »

Homélie

Profession de foi *(p. 217)*

Suggestion de prière universelle

Le prêtre :

Dieu notre Père ne se détourne pas de notre prière. Confions à son amour tous les habitants du monde, spécialement ceux qui ne le connaissent pas encore.

℟ ***Seigneur, entends la prière qui monte de nos cœurs.***

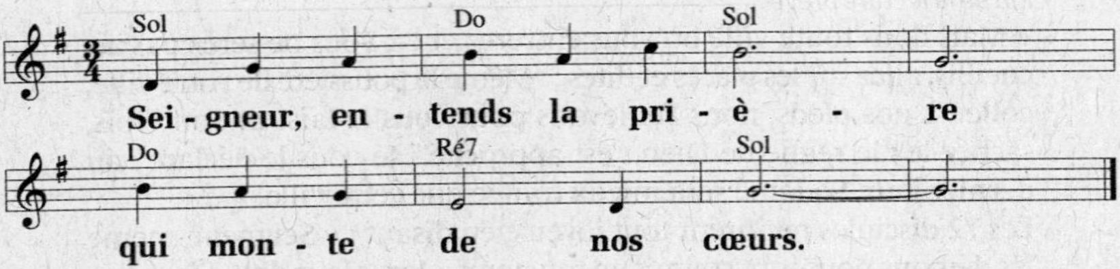

E 25 Éditions du Chalet.

Le diacre ou un lecteur :

« La moisson est abondante, mais les ouvriers sont peu nombreux. » Pour que l'Esprit Saint guide et fortifie l'Église dans sa mission, Dieu de vie, nous te prions. ℟

« Je vous envoie comme des agneaux au milieu des loups. » Pour que les responsables politiques et associatifs luttent efficacement contre la violence, Dieu de paix, nous te prions. ℟

« L'ouvrier mérite son salaire. » Pour que les travailleurs exploités et les personnes exclues du travail ne perdent pas courage et gardent espoir, Dieu de justice, nous te prions. ℟

« Réjouissez-vous parce que vos noms se trouvent inscrits dans les cieux. » En cette année jubilaire, pour que les baptisés rayonnent de la joie de l'Évangile, Dieu de joie, nous te prions. ℟

(Ces intentions seront adaptées ou modifiées selon les circonstances. On peut aussi s'inspirer de l'intention universelle du Saint-Père, p. 6.)

Le prêtre :

Père de toute bonté, entends nos prières et révèle la joie du ciel à tous tes enfants. Par le Christ, notre Seigneur. – ***Amen.***

LITURGIE EUCHARISTIQUE

Prière sur les offrandes

Puissions-nous être purifiés, Seigneur, par l'offrande consacrée à ton nom ; qu'elle nous conduise, de jour en jour, à vivre de la vie du ciel. Par le Christ, notre Seigneur. – ***Amen.***

Prière eucharistique *(Préface des dimanches, p. 221)*

Chant de communion (Suggestions p. 243)

OU

Antienne de la communion

Goûtez et voyez : le Seigneur est bon !
Heureux qui trouve en lui son refuge !
(Ps 33, 9)

OU

Venez à moi, vous tous qui peinez sous le poids du fardeau,
et moi, je vous procurerai le repos, dit le Seigneur.
(Mt 11, 28)

Prière après la communion

Comblés de si grands bienfaits, nous te supplions, Seigneur : fais que nous en retirions des fruits pour notre salut et que jamais nous ne cessions de chanter ta louange. Par le Christ, notre Seigneur. ***— Amen.***

RITE DE CONCLUSION

Bénédiction

Envoi

COMMENTAIRE DU DIMANCHE

Vincent Leclercq, prêtre assomptionniste

L'affaire de tous

Avant de voyager, mieux vaut prévoir un billet aller-retour. Après l'envoi en mission, les disciples sont revenus à Jésus. Au départ, soixante-douze disciples reçoivent leurs pouvoirs de Jésus pour agir en son nom. Leur nombre signifie que cette mission est devenue l'affaire de tous. Envoyés deux par deux, ils deviennent pour la loi juive des témoins crédibles de sa parole. Il leur faut prier pour recevoir leur force du Maître de la moisson et accepter de s'en remettre à lui sans s'encombrer de détails. Au-delà des individus, les disciples rejoindront des maisons et des villes entières pour y porter la paix ; la confiance et le salut de Dieu. Mangeant et buvant ce qu'on leur servira, ils deviendront signes de sa tendresse et de sa proximité. Les interdits alimentaires abolis, ils se laisseront accueillir par tous, y •••

••• compris par les païens. Chaque année à Jérusalem, la tradition était de sacrifier au temple soixante-douze bœufs et de prier pour les nations païennes environnantes. Jésus ne se contente pas de prier. Il envoie ses disciples.
Mis à part l'expulsion des démons, on ne sait pas grand-chose de leur mission. Le livre des Actes des Apôtres racontera tout cela en détail. Mais ce retour des disciples tout joyeux annonce déjà un succès plus grand que celui des Apôtres. C'est pourquoi Jésus remerciera le Père de leur avoir donné la vie et le pouvoir de la transmettre.

~

Vacances signifient déplacement. Comment revenir à Jésus ou demeurer avec lui partout où je suis ?
La moisson est abondante. Sommes-nous suffisamment missionnaires pour les familles et la société d'aujourd'hui ? ■

Prions en Eglise junior

LIRE L'ÉVANGILE AVEC LES ENFANTS

CE QUE JE DÉCOUVRE

Parmi ses disciples, **Jésus en choisit soixante-douze pour annoncer l'amour de Dieu.** Les disciples ne sont pas envoyés comme des super-héros qui devraient forcer les gens à croire grâce à leurs super-pouvoirs. Mais ils sont envoyés **comme des agneaux au milieu des loups, c'est-à-dire comme des gens qui font la paix autour d'eux.** Jésus compte aussi sur toi pour partager sa paix à tes amis, aux élèves de ta classe…

CE QUE JE VIS

D'après toi, qu'est-ce que faire le bien ?
Et qu'est-ce que faire la paix ?
Comment dessinerais-tu la paix ?
Sur une feuille, écris ce mot et dessine des amis de la paix.

Texte : Thibault Van Den Driessche. Illustrations : Marcelino Truong

MÉDITATION BIBLIQUE

14E DIMANCHE DU TEMPS ORDINAIRE

Lettre de saint Paul apôtre aux Galates 6, 14-18

« Une création nouvelle »

Paul nous parle à partir de son expérience personnelle certes, mais son propos nous rejoint, nous qui sommes renés d'eau et d'Esprit par notre baptême. Un renouveau qu'il nous appartient d'actualiser tout au long de notre vie.

Le temps de la préparation

« Béni soit Dieu qui n'a pas écarté ma prière, ni détourné de moi son amour ! » (Ps 65, 20)

Le temps de l'observation

Les paroles de Paul sont à resituer dans leur contexte : un conflit avec les Galates fascinés par les observances du judaïsme, dont la circoncision marqueur d'identité. Paul les accuse d'être passés à « un Évangile différent » de celui qu'il leur avait transmis (cf. Ga 1, 6) : la Bonne Nouvelle de Jésus Christ offerte tant aux Juifs qu'aux païens, autant dire à portée universelle et non liée à une identité particulière ; la Bonne Nouvelle d'un salut totalement gratuit à recevoir dans la foi et non à conquérir par des pratiques ou de quelconques prouesses. Paul parle d'un retournement qui a bouleversé sa vie et toutes ses valeurs : « Le monde est crucifié pour moi, et moi pour le monde. » Le monde symbolisant ici la prétention de l'humanité à se diriger et à se sauver elle-même, plutôt qu'à se recevoir de Dieu. La seule fierté de Paul est désormais la croix du Christ auquel il est uni, portant dans son corps les souffrances de celui-ci dans la certitude de participer à sa résurrection.

Le temps de la méditation

En filigrane, nous pouvons entendre les affirmations de Paul sur la liberté chrétienne : « C'est pour que nous soyons libres que le Christ nous a libérés » (Ga 5, 1). C'est bien cette liberté qu'il revendique : « Dès lors que personne ne vienne me tourmenter. » En ce sens, Paul nous renvoie à notre conscience éclairée par l'Esprit, à la liberté dans nos prises de décision – que ce soit par rapport au regard des autres, aux lois de notre milieu, de notre culture, de notre époque. Mais cette liberté, il le précise, ne doit pas devenir « un prétexte à notre égoïsme » (cf. Ga 5, 13), à notre désir de nous démarquer, de dominer autrui… Et la seule manière juste de la vivre est de demeurer unis au Christ pascal – non seulement au Ressuscité mais à celui qui s'est fait serviteur et a donné sa vie par amour – et d'accueillir le salut dans cette gratitude qui nous détache de nous-mêmes pour nous tourner vers l'Auteur de tout don.

Le temps de la prière

« Que la grâce de notre Seigneur Jésus Christ soit avec [notre] esprit. » (Ga 6, 18) ■

Emmanuelle Billoteau, ermite

PARTAGE BIBLIQUE

Environ 45 minutes — *Une bible ou* Prions en Église, *page 41*

PAIX ET CONSOLATION SUR JÉRUSALEM (IS 66, 10-14C)

Lire

Découvrons comment Dieu annonce la restauration de Jérusalem.

Comprendre le texte

Dieu étend vers Jérusalem la paix comme un fleuve. Isaïe avait déjà eu recours à l'image du fleuve à plusieurs reprises pour décrire la venue menaçante des envahisseurs. *Désormais* cette crue soudaine n'est plus perçue comme une menace : elle est un signe de paix. C'en est fini de toutes les occasions manquées évoquées à plusieurs reprises dans les chapitres précédents. Toutes les promesses de salut consignées dans le livre d'Isaïe sont confirmées ici, comme l'atteste la triple mention de la consolation. Voilà comment Dieu juge, se venge et sauve : en consolant ses serviteurs ! Mais il convient d'abord d'éradiquer définitivement le mal : « Le Seigneur fera connaître sa puissance à ses serviteurs. » Il n'est pas de compromis possible entre les serviteurs de Dieu et ses ennemis : les premiers connaîtront Dieu, tandis que les seconds seront maudits.

Partager

- Qu'est-ce que j'attends de Dieu quand je prie pour la paix dans le monde ?
- Quelle part de ma vie devrait être restaurée pour que je sois en paix avec moi-même ?
- Mon espérance me permet-elle de faire face à la situation parfois angoissante du temps présent ?
- Ce passage d'Isaïe rassasie-t-il mon besoin de consolation ?

Prier

Nous méditons la prière de saint François d'Assise : « Seigneur, fais de moi un instrument de paix. » ■

Sylvain Gasser,
prêtre assomptionniste

LUNDI 7 JUILLET 2025

14[E] SEMAINE DU TEMPS ORDINAIRE COULEUR LITURGIQUE : VERT

Temps ordinaire, *suggestion d'oraisons et d'antiennes n° 17*

Antienne d'ouverture

Dieu se tient dans sa sainte demeure ;
Dieu fait habiter les siens unanimes dans sa maison :
c'est lui qui donne à son peuple force et puissance.
(cf. Ps 67, 6-7.36)

Prière

Tu protèges, Seigneur Dieu, ceux qui espèrent en toi ; sans toi, rien n'est fort et rien n'est saint : multiplie pour nous les signes de ta miséricorde, afin que, sous ta conduite et sous ta direction, en faisant un bon usage des biens qui passent, nous puissions déjà nous attacher à ceux qui demeurent. Par Jésus… ***— Amen.***

Lecture

du livre de la Genèse (28, 10-22a)

« Il eut un songe : une échelle était dressée, et des anges de Dieu montaient et descendaient. Le Seigneur dit… »

En ces jours-là, Jacob partit de Bershéba et se dirigea vers Harane. Il atteignit le lieu où il allait passer la nuit car le soleil s'était couché. Il y prit une pierre pour la mettre sous sa tête, et dormit en ce lieu. Il eut un songe : voici qu'une échelle était dressée sur la terre, son

sommet touchait le ciel, et des anges de Dieu montaient et descendaient. Le Seigneur se tenait près de lui. Il dit : « Je suis le Seigneur, le Dieu d'Abraham ton père, le Dieu d'Isaac. La terre sur laquelle tu es couché, je te la donne, à toi et à tes descendants. Tes descendants seront nombreux comme la poussière du sol, vous vous répandrez à l'orient et à l'occident, au nord et au midi ; en toi et en ta descendance seront bénies toutes les familles de la terre. Voici que je suis avec toi ; je te garderai partout où tu iras, et je te ramènerai sur cette terre ; car je ne t'abandonnerai pas avant d'avoir accompli ce que je t'ai dit. » Jacob sortit de son sommeil et déclara : « En vérité, le Seigneur est en ce lieu ! Et moi, je ne le savais pas. » Il fut saisi de crainte et il dit : « Que ce lieu est redoutable ! C'est vraiment la maison de Dieu, la porte du ciel ! » Jacob se leva de bon matin, il prit la pierre qu'il avait mise sous sa tête, il la dressa pour en faire une stèle, et sur le sommet il versa de l'huile. Jacob donna le nom de Béthel (c'est-à-dire : Maison de Dieu) à ce lieu qui auparavant s'appelait Louz. Alors Jacob prononça ce vœu : « Si Dieu est avec moi, s'il me garde sur le chemin où je marche, s'il me donne du pain pour manger et des vêtements pour me couvrir, et si je reviens sain et sauf à la maison de mon père, le Seigneur sera mon Dieu. Cette pierre dont j'ai fait une stèle sera la maison de Dieu. »

– Parole du Seigneur.

Psaume 90 (91)

℟ ***Mon Dieu, dont je suis sûr !***

Quand je me tiens sous l'abri du Très-Haut
et repose à l'ombre du Puissant,
je dis au Seigneur : « Mon refuge,
mon rempart, mon Dieu, dont je suis sûr ! » ℟

C'est lui qui te sauve des filets du chasseur ;
il te couvre et te protège.
Tu trouves sous son aile un refuge :
sa fidélité est une armure, un bouclier. ℟

« Puisqu'il s'attache à moi, je le délivre ;
je le défends, car il connaît mon nom.
Il m'appelle, et moi, je lui réponds ;
je suis avec lui dans son épreuve. » ℟

Acclamation de l'Évangile

Alléluia. Alléluia. Notre Sauveur, le Christ Jésus, a détruit la mort ; il a fait resplendir la vie par l'Évangile. ***Alléluia.***

Évangile de Jésus Christ

selon saint Matthieu (9, 18-26)

« Ma fille est morte à l'instant ; mais viens, et elle vivra »

En ce temps-là, tandis que Jésus parlait aux disciples de Jean le Baptiste, voilà qu'un notable s'approcha. Il se prosternait devant lui en disant : « Ma fille est morte à l'instant ; mais viens lui imposer la main, et elle vivra. » Jésus se leva et le suivit, ainsi que ses disciples. Et voici qu'une femme souffrant d'hémorragies depuis douze ans s'approcha par derrière et toucha la frange de son vêtement. Car elle se disait en elle-même : « Si je parviens seulement à toucher son vêtement, je serai sauvée. » Jésus se retourna et, la voyant, lui dit : « Confiance, ma fille ! Ta foi t'a sauvée. » Et, à l'heure même, la femme fut sauvée. Jésus, arrivé à la maison du notable, vit les joueurs de flûte et la foule qui s'agitait bruyamment. Il dit alors : « Retirez-vous. La jeune fille n'est pas morte : elle dort. » Mais on se moquait de lui. Quand la foule fut mise dehors, il entra, lui saisit la main, et la jeune fille se leva. Et la nouvelle se répandit dans toute la région.

Prière sur les offrandes

Accueille, nous t'en prions, Seigneur, les dons prélevés pour toi sur tes propres largesses ; que ces mystères très saints, où ta grâce opère avec puissance, sanctifient notre vie de tous les jours et nous conduisent aux joies éternelles. Par le Christ, notre Seigneur. ***— Amen.***

Antienne de la communion

Bénis le Seigneur, ô mon âme,
n'oublie aucun de ses bienfaits.
(Ps 102, 2)

OU

Heureux les miséricordieux,
car ils obtiendront miséricorde.
Heureux les cœurs purs,
car ils verront Dieu. (Mt 5, 7-8)

Prière après la communion
Nous avons communié, Seigneur, au sacrement divin, mémorial à jamais de la passion de ton Fils ; nous t'en prions : fais servir à notre salut le don que lui-même nous a légué dans son amour inexprimable. Lui qui… — ***Amen.***

INVITATION

Je récite le Notre Père lentement,
en ayant conscience de chaque mot que je prononce.

COMMENTAIRE

Foi contagieuse

Matthieu 9, 18-26

Jésus est en route avec ses disciples. Il s'est levé sur la foi d'un père qui croyait que sa fille morte pouvait retrouver la vie. Une femme l'effleure par derrière. Elle croit qu'elle peut être sauvée de son calvaire en touchant la frange de son vêtement. Ce qui se passe dans le cœur de l'un et de l'autre est inaccessible aux moqueurs. Mais leur foi est contagieuse de la vie que Jésus, en personne, veut partager à tous. ■

Nicolas Tarralle, *prêtre assomptionniste*

MARDI 8 JUILLET 2025

14e SEMAINE DU TEMPS ORDINAIRE COULEUR LITURGIQUE : VERT

Temps ordinaire, *suggestion d'oraisons et d'antiennes n° 18*

Antienne d'ouverture

Dieu, viens à mon aide, Seigneur, viens vite à mon secours.
Tu es mon secours, mon libérateur, Seigneur, ne tarde pas !
(cf. Ps 69, 2.6)

Prière

Sois proche, Seigneur, de ceux qui te servent et montre à ceux qui t'implorent ton éternelle bonté ; c'est leur fierté d'avoir en toi leur Créateur et leur Guide : restaure pour eux ta création, et l'ayant renouvelée, protège-la. Par Jésus…
— Amen.

Lecture

du livre de la Genèse (32, 23-32)

« Ton nom sera Israël parce que tu as lutté avec Dieu, et tu l'as emporté »

Cette nuit-là, Jacob se leva, il prit ses deux femmes, ses deux servantes, ses onze enfants, et passa le gué du Yabboq. Il leur fit passer le torrent et fit aussi passer ce qui lui appartenait. Jacob resta seul. Or, quelqu'un lutta avec lui jusqu'au lever de l'aurore. L'homme, voyant qu'il ne pouvait rien contre lui, le frappa au creux de la hanche, et la hanche de Jacob se démit pendant ce combat. L'homme dit : « Lâche-moi, car l'aurore s'est levée. » Jacob répondit : « Je ne te lâcherai que si tu me bénis. » L'homme demanda : « Quel est ton nom ? » Il répondit : « Jacob. » Il reprit : « Ton nom ne sera plus Jacob, mais Israël (c'est-à-dire : Dieu lutte), parce que tu as lutté avec Dieu et avec des hommes, et tu l'as emporté. » Jacob demanda : « Fais-moi connaître ton nom, je t'en prie. » Mais il répondit : « Pourquoi me demandes-tu mon nom ? » Et là il le bénit. Jacob appela ce lieu Penouël (c'est-à-dire : Face de Dieu), car, disait-il, « j'ai vu Dieu face à face, et j'ai eu la vie sauve ». Au lever du soleil, il passa le torrent à Penouël. Il resta boiteux de la hanche.

– Parole du Seigneur.

Psaume 16 (17)

℟ ***Seigneur, par ta justice, je verrai ta face.***

Seigneur, écoute la justice !
Entends ma plainte,
accueille ma prière :
mes lèvres ne mentent pas. ℟

De ta face, me viendra la sentence :
tes yeux verront où est le droit.
Tu sondes mon cœur, tu me visites la nuit,
tu m'éprouves, sans rien trouver. ℟

Je t'appelle, toi, le Dieu qui répond :
écoute-moi, entends ce que je dis.
Montre les merveilles de ta grâce,
toi qui libères de l'agresseur
ceux qui se réfugient sous ta droite. ℟

Garde-moi comme la prunelle de l'œil ;
à l'ombre de tes ailes, cache-moi.
Et moi, par ta justice, je verrai ta face :
au réveil, je me rassasierai de ton visage. ℟

Acclamation de l'Évangile

Alléluia. Alléluia. Moi, je suis le bon pasteur, dit le Seigneur ; je connais mes brebis et mes brebis me connaissent. ***Alléluia.***

Évangile de Jésus Christ

selon saint Matthieu (9, 32-38)

« La moisson est abondante, mais les ouvriers sont peu nombreux »

En ce temps-là, voici qu'on présenta à Jésus un possédé qui était sourd-muet. Lorsque le démon eut été expulsé, le sourd-muet se mit à parler. Les foules furent dans l'admiration, et elles disaient : « Jamais rien de pareil ne s'est vu en Israël ! » Mais les pharisiens disaient : « C'est par le chef des démons qu'il expulse les démons. »

Jésus parcourait toutes les villes et tous les villages, enseignant dans leurs synagogues, proclamant l'Évangile du Royaume et guérissant toute maladie et toute infirmité. Voyant les foules, Jésus fut saisi de compassion envers elles parce qu'elles étaient désemparées et abattues comme des brebis sans berger. Il dit alors à ses disciples : « La moisson est abondante, mais les ouvriers sont peu nombreux. Priez donc le maître de la moisson d'envoyer des ouvriers pour sa moisson. »

Prière sur les offrandes

Dans ta bonté, sanctifie ces dons, nous t'en prions, Seigneur ; accepte le sacrifice spirituel que nous t'offrons, et fais de nous-mêmes une éternelle offrande pour toi. Par le Christ, notre Seigneur. – ***Amen.***

Antienne de la communion

Tu nous as donné, Seigneur, le pain venu du ciel, pain aux multiples saveurs qui comble tous les goûts. (Sg 16, 20) *OU*

Je suis le pain de la vie,
dit le Seigneur, celui qui vient à moi n'aura jamais faim, celui qui croit en moi n'aura jamais soif. (Jn 6, 35)

Prière après la communion

Seigneur, entoure d'une constante protection ceux que tu as renouvelés par le don du ciel ; puisque tu ne cesses de les réconforter, rends-les dignes de la rédemption éternelle. Par le Christ, notre Seigneur. — ***Amen.***

INVITATION

Je peux prier aujourd'hui le Maître d'envoyer des ouvriers pour sa moisson. Que des hommes et des femmes entendent et répondent à cet appel.

COMMENTAIRE

Un autre regard

Matthieu 9, 32-38

La Bonne Nouvelle du Royaume proclamée par Jésus ouvre les yeux et les oreilles mais elle est rejetée par les pharisiens. Admiratives de la guérison qu'elles ont vue, les foules sont désemparées par cette hostilité : ceux qui doivent les guider sont aveugles et sourds. Mais Jésus pose sur elles un regard de compassion. Aidons notre monde déboussolé à accueillir ce regard qui offre aux ouvriers la joie de moissonner. ■

Nicolas Tarralle, *prêtre assomptionniste*

MERCREDI 9 JUILLET 2025

14E SEMAINE DU TEMPS ORDINAIRE COULEUR LITURGIQUE : VERT

Temps ordinaire, *suggestion d'oraisons et d'antiennes n° 19*
ou **saint Augustin Zhao Rong et ses compagnons**

6 - 12

Antienne d'ouverture

Regarde vers ton Alliance, Seigneur, ne délaisse pas sans fin l'âme de tes pauvres. Lève-toi, Seigneur, défends ta cause, n'oublie pas le cri de ceux qui te cherchent. (cf. Ps 73, 20.19.22.23)

Prière

Dieu éternel et tout-puissant, comme l'enseigne l'Esprit Saint, nous pouvons déjà t'appeler du nom de Père ; fais grandir en nos cœurs l'esprit d'adoption filiale, afin que nous soyons capables d'entrer un jour dans l'héritage qui nous est promis. Par Jésus… ***— Amen.***

Lecture

du livre de la Genèse (41, 55-57 ; 42, 5-7a.17-24a)

« Nous sommes coupables envers Joseph notre frère. C'est pourquoi nous sommes dans une telle détresse »

En ces jours-là, tout le pays d'Égypte souffrit de la faim, et le peuple, à grands cris, réclama du pain à Pharaon. Mais Pharaon dit à tous les Égyptiens : « Allez trouver Joseph, et faites ce qu'il vous dira. » La famine s'étendait à tout le pays. Alors Joseph ouvrit toutes les réserves et vendit du blé aux Égyptiens, tandis que la famine s'aggravait

encore dans le pays. De partout on vint en Égypte pour acheter du blé à Joseph, car la famine s'aggravait partout. Les fils d'Israël, c'est-à-dire de Jacob, parmi beaucoup d'autres gens, vinrent donc pour acheter du blé, car la famine sévissait au pays de Canaan. C'était Joseph qui organisait la vente du blé pour tout le peuple du pays, car il avait pleins pouvoirs dans le pays.

En arrivant, les frères de Joseph se prosternèrent devant lui, face contre terre. Dès qu'il les vit, il les reconnut, mais il se comporta comme un étranger à leur égard et il leur parla avec dureté. Il les retint au poste de garde pendant trois jours. Le troisième jour, il leur dit : « Faites ce que je vais vous dire, et vous resterez en vie, car je crains Dieu. Si vous êtes de bonne foi, que l'un d'entre vous reste prisonnier au poste de garde. Vous autres, partez en emportant ce qu'il faut de blé pour éviter la famine à votre clan. Puis vous m'amènerez votre plus jeune frère : ainsi vos paroles seront vérifiées, et vous ne serez pas mis à mort. » Ils acceptèrent, et ils se disaient l'un à l'autre : « Hélas ! nous sommes coupables envers Joseph notre frère : nous avons vu dans quelle détresse il se trouvait quand il nous suppliait, et nous ne l'avons pas écouté. C'est pourquoi nous sommes maintenant dans une telle détresse. » Roubène, alors, prit la parole : « Je vous l'avais bien dit : “Ne commettez pas ce crime contre notre jeune frère !” Mais vous ne m'avez pas écouté, et maintenant il faut répondre de son sang. » Comme il y avait un interprète, ils ne se rendaient pas compte que Joseph les comprenait. Alors Joseph se retira pour pleurer. – Parole du Seigneur.

Psaume 32 (33)

℟ ***Que ton amour, Seigneur, soit sur nous comme notre espoir est en toi !***

Rendez grâce au Seigneur sur la cithare,
jouez pour lui sur la harpe à dix cordes.
Chantez-lui le cantique nouveau,
de tout votre art soutenez l'ovation. ℟

Le Seigneur a déjoué les plans des nations,
anéanti les projets des peuples.

Le plan du Seigneur demeure pour toujours,
les projets de son cœur
subsistent d'âge en âge. ℟

Dieu veille sur ceux qui le craignent,
qui mettent leur espoir en son amour,
pour les délivrer de la mort,
les garder en vie aux jours de famine. ℟

Acclamation de l'Évangile

Alléluia. Alléluia. Le règne de Dieu est tout proche. Convertissez-vous et croyez à l'Évangile. ***Alléluia.***

Évangile de Jésus Christ

selon saint Matthieu (10, 1-7)

« Allez plutôt vers les brebis perdues de la maison d'Israël »

En ce temps-là, Jésus appela ses douze disciples et leur donna le pouvoir d'expulser les esprits impurs et de guérir toute maladie et toute infirmité. Voici les noms des douze Apôtres : le premier, Simon, nommé Pierre ; André son frère ; Jacques, fils de Zébédée, et Jean son frère ; Philippe et Barthélemy ; Thomas et Matthieu le publicain ; Jacques, fils d'Alphée, et Thaddée ; Simon le Zélote et Judas l'Iscariote, celui-là même qui le livra. Ces douze, Jésus les envoya en mission avec les instructions suivantes : « Ne prenez pas le chemin qui mène vers les nations païennes et n'entrez dans aucune ville des Samaritains. Allez plutôt vers les brebis perdues de la maison d'Israël*. Sur votre route, proclamez que le royaume des Cieux est tout proche. »

Prière sur les offrandes

Accueille favorablement, Seigneur, ces présents que, dans ta miséricorde, tu as donnés à ton Église pour qu'elle puisse te les offrir ; fais qu'ils deviennent, par ta puissance, le sacrement de notre salut. Par le Christ, notre Seigneur. **— *Amen.***

Antienne de la communion

Glorifie le Seigneur, Jérusalem :
de la fleur du froment, il te rassasie.
(cf. Ps 147, 12.14)

OU

Le pain que je donnerai,
c'est ma chair, donnée pour la vie
du monde, dit le Seigneur. (Jn 6, 51)

Prière après la communion

Que cette communion à ton sacrement, Seigneur, nous procure le salut et qu'elle nous affermisse dans la lumière de ta vérité. Par le Christ, notre Seigneur. **— *Amen.***

INVITATION

Je confie au Seigneur le ministère du ou des prêtres que je vais croiser durant cet été.

COMMENTAIRE

Mouvement d'envoi Matthieu 10, 1-7

Jésus vient d'inviter les Apôtres à prier pour que le Seigneur envoie des ouvriers. Il appelle maintenant les Douze et leur confie de poursuivre son ministère. Les voilà donc envoyés dans le mouvement de leur propre prière pour moissonner les brebis perdues d'un peuple sans berger. Un par un, nous sommes pareillement appelés et envoyés par le seul véritable maître : ouvriers brûlants de faire connaître le bon pasteur. ■

Nicolas Tarralle, prêtre assomptionniste

❊ CLÉ DE LECTURE

« Maison d'Israël » Matthieu 10, 6 *(p. 68)*

À deux reprises chez Matthieu, Jésus affirme que sa mission comme celle de ses disciples concerne d'abord, sinon seulement, le petit peuple juif qui l'entoure, abandonné de ses responsables (Mt 15, 24). Pourtant au début comme à la fin de l'évangile, une annonce plus large vise les peuples païens, les mages venus de l'Est lointain (Mt 2, 1), toutes les nations dont il faut faire des disciples (Mt 28,19). Ces deux perspectives témoignent d'un débat dans la communauté de Matthieu. Surtout, elles reflètent ce que Luc développera dans les Actes : Jésus n'a pu aller qu'aux périphéries du judaïsme où il vivait, mais après sa résurrection, ses disciples, à l'écoute de son Esprit, devront passer le pas et annoncer l'Évangile aux plus impurs, aux plus éloignés : les païens. ■

Roselyne Dupont-Roc, bibliste

JEUDI 10 JUILLET 2025

14E SEMAINE DU TEMPS ORDINAIRE COULEUR LITURGIQUE : VERT

Temps ordinaire, *suggestion d'oraisons et d'antiennes n° 20*

Antienne d'ouverture

Dieu, notre protecteur, regarde : vois le visage de ton Christ ; un jour dans tes parvis en vaut plus que mille. (cf. Ps 83, 10-11)

Prière

Pour ceux qui t'aiment, Seigneur Dieu, tu as préparé des biens que l'œil ne peut voir : répands en nos cœurs la ferveur de ta charité, afin que t'aimant en toute chose et par-dessus tout, nous obtenions de toi l'héritage promis qui surpasse tout désir. Par Jésus… ***— Amen.***

Lecture

du livre de la Genèse (44, 18-21.23b-29 ; 45, 1-5)

« C'est pour vous conserver la vie que Dieu m'a envoyé en Égypte »

En ces jours-là, Juda et ses frères, les fils de Jacob, avaient été ramenés devant Joseph. Juda s'approcha de lui et dit : « De grâce, mon seigneur, permets que ton serviteur t'adresse une parole sans que la colère de mon seigneur s'enflamme contre ton serviteur, car tu es aussi grand que Pharaon ! Mon seigneur avait demandé à ses serviteurs : "Avez-vous encore votre père ou un autre frère ?" Et nous avons répondu à mon seigneur : "Nous avons encore notre vieux père et un petit frère, l'enfant qu'il a eu dans sa vieillesse ; celui-ci avait un frère qui est mort, il reste donc le seul enfant de sa mère, et notre père l'aime !" Alors tu as dit à tes serviteurs : "Amenez-le-moi : je veux m'occuper de lui. Si votre plus jeune frère ne revient pas avec vous, vous ne serez plus admis en ma présence." Donc, lorsque nous sommes retournés auprès de notre père, ton serviteur, nous lui avons rapporté les paroles de mon seigneur. Et, lorsque notre père a dit : "Repartez pour nous acheter un peu de nourriture", nous lui avons répondu : "Nous ne pourrons pas repartir si notre plus jeune frère n'est pas avec nous, car nous ne pourrons pas être admis en présence de cet homme si notre plus jeune frère n'est pas avec nous." Alors notre père, ton serviteur, nous a dit : "Vous savez bien que ma femme Rachel ne m'a donné que deux fils. Le premier a disparu. Sûrement, une bête féroce l'aura mis en pièces, et je ne l'ai jamais revu. Si vous emmenez encore celui-ci loin de moi et qu'il lui arrive malheur, vous ferez descendre misérablement mes cheveux blancs au séjour des morts." » Joseph ne put se contenir devant tous les gens de sa suite, et il s'écria : « Faites sortir tout le monde. » Quand il n'y eut plus personne auprès de lui, il se fit reconnaître de ses frères. Il pleura si fort que les Égyptiens l'entendirent, et même la maison de Pharaon. Il dit à ses frères : « Je suis Joseph ! Est-ce que mon père vit encore ? » Mais ses frères étaient incapables de lui répondre, tant ils étaient bouleversés de se trouver en face de lui. Alors Joseph dit à ses frères : « Approchez-vous de moi. » Ils s'approchèrent, et il leur dit : « Je suis Joseph, votre frère, que vous avez vendu pour qu'il soit emmené en Égypte. Mais maintenant ne vous affligez pas, et ne soyez pas

tourmentés de m'avoir vendu, car c'est pour vous conserver la vie que Dieu m'a envoyé ici avant vous. »
– Parole du Seigneur.

Psaume 104 (105)

℟ ***Souvenez-vous des merveilles que le Seigneur a faites.***
OU ***Alléluia !***

Dieu appela sur le pays la famine,
le privant de toute ressource.
Mais devant eux il envoya un homme,
Joseph, qui fut vendu comme esclave. ℟

On lui met aux pieds des entraves,
on lui passe des fers au cou ;
il souffrait pour la parole du Seigneur,
jusqu'au jour où s'accomplit sa prédiction. ℟

Le roi ordonne qu'il soit relâché,
le maître des peuples, qu'il soit libéré.
Il fait de lui le chef de sa maison,
le maître de tous ses biens. ℟

Acclamation de l'Évangile

Alléluia. Alléluia. Le règne de Dieu est tout proche. Convertissez-vous et croyez à l'Évangile. ***Alléluia.***

Évangile de Jésus Christ

selon saint Matthieu (10, 7-15)

« Vous avez reçu gratuitement : donnez gratuitement »

En ce temps-là, Jésus disait à ses Apôtres : « Sur votre route, proclamez que le royaume des Cieux est tout proche. Guérissez les malades, ressuscitez les morts, purifiez les lépreux, expulsez les démons.

Vous avez reçu gratuitement : donnez gratuitement. Ne vous procurez ni or, ni argent, ni monnaie de cuivre à mettre dans vos ceintures, ni sac pour la route, ni tunique de rechange, ni sandales, ni bâton. L'ouvrier, en effet, mérite sa nourriture. Dans chaque ville ou village où vous entrerez, informez-vous pour savoir qui est digne de vous accueillir, et restez là jusqu'à votre départ. En entrant dans la maison, saluez ceux qui l'habitent. Si cette maison en est digne, que votre paix vienne sur elle. Si elle n'en est pas digne, que votre paix retourne vers vous. Si l'on ne vous accueille pas et si l'on n'écoute pas vos paroles, sortez de cette maison ou de cette ville, et secouez la poussière de vos pieds. Amen, je vous le dis : au jour du Jugement, le pays de Sodome et de Gomorrhe sera traité moins sévèrement que cette ville. »

Prière sur les offrandes

Accueille, Seigneur, ce que nous présentons pour cette eucharistie où s'accomplit un admirable échange : en offrant ce que tu nous as donné, puissions-nous te recevoir toi-même. Par le Christ, notre Seigneur. **— *Amen.***

Antienne de la communion

Oui, près du Seigneur
est la miséricorde ;
près de lui abonde le rachat.
(cf. Ps 129, 7)

OU

Je suis le pain vivant,
qui est descendu du ciel,
dit le Seigneur ; si quelqu'un mange
de ce pain, il vivra éternellement.
(Jn 6, 51)

Prière après la communion

Par ces sacrements, Seigneur, tu nous as unis au Christ, et nous implorons humblement ta bonté : sur la terre, transforme-nous à son image, pour que nous puissions partager sa vie dans le ciel. Lui qui… — ***Amen.***

INVITATION

Je prends aujourd'hui quelques minutes pour me tenir en silence en présence du Seigneur. Sans rien dire, juste me taire et l'écouter.

COMMENTAIRE

Le circuit de la paix Matthieu 10, 7-15

La proclamation du Royaume est affaire de pèlerins. Elle se propage au fil de guérisons gracieusement accordées sur le chemin et, circulant, elle apporte la paix. Délestés de tout attribut d'autosuffisance et se laissant accueillir avec discernement, les apôtres sont les artisans et les bénéficiaires de cette paix qui vient du Christ. Faisons-la circuler plus que jamais pour qu'elle habite nos cœurs et nos maisons. ■

Nicolas Tarralle, *prêtre assomptionniste*

Saint Benoît

VIe siècle. Fondateur du monastère du Mont-Cassin, berceau de l'ordre des bénédictins, il est l'auteur d'une règle monastique qui connut une grande diffusion. Copatron de l'Europe.

Antienne d'ouverture

Il y eut un homme, vénérable par sa vie, Benoît, béni par la grâce et par son nom ; ayant quitté la maison et les biens de son père, désireux de plaire à Dieu seul, il rechercha une vie de sainteté.

Gloire à Dieu (p. 216)

Prière

Seigneur Dieu, tu as fait du bienheureux abbé Benoît un maître spirituel remarquable pour ceux qui se mettent à l'école de ton service ; accorde-nous de ne rien préférer à ton amour et de courir, le cœur dilaté, dans la voie de tes commandements. Par Jésus… — ***Amen.***

Lectures propres à la fête de saint Benoît.

Lecture

du livre des Proverbes (2, 1-9)

« Aie l'oreille attentive à la sagesse »

Mon fils, accueille mes paroles, conserve précieusement mes préceptes, l'oreille attentive à la sagesse, le cœur incliné vers la raison. Oui, si tu fais appel à l'intelligence, si tu invoques la raison, si

tu la recherches comme l'argent, si tu creuses comme un chercheur de trésor, alors tu comprendras la crainte du Seigneur, tu découvriras la connaissance de Dieu. Car c'est le Seigneur qui donne la sagesse ; connaissance et raison sortent de sa bouche. Il réserve aux hommes droits la réussite : pour qui marche dans l'intégrité, il est un bouclier, gardien des sentiers du droit, veillant sur le chemin de ses fidèles. Alors tu comprendras la justice, le jugement, la droiture, seuls sentiers qui mènent au bonheur.
– Parole du Seigneur.

Psaume 33 (34)

℟ ***Je bénirai le Seigneur en tout temps.***
OU ***Goûtez et voyez comme est bon le Seigneur.***

Je bénirai le Seigneur en tout temps,
sa louange sans cesse à mes lèvres.
Je me glorifierai dans le Seigneur :
que les pauvres m'entendent
et soient en fête ! ℟

Magnifiez avec moi le Seigneur,
exaltons tous ensemble son nom.
Je cherche le Seigneur, il me répond :
de toutes mes frayeurs, il me délivre. ℟

Qui regarde vers lui resplendira,
sans ombre ni trouble au visage.
Un pauvre crie ; le Seigneur entend :
il le sauve de toutes ses angoisses. ℟

L'ange du Seigneur campe alentour
pour libérer ceux qui le craignent.
Goûtez et voyez : le Seigneur est bon !
Heureux qui trouve en lui
son refuge ! ℟

Saints du Seigneur, adorez-le :
rien ne manque
à ceux qui le craignent.

Des riches ont tout perdu, ils ont faim ;
qui cherche le Seigneur
ne manquera d'aucun bien. ℟

Acclamation de l'Évangile

Alléluia. Alléluia. Heureux les pauvres de cœur, car le royaume des Cieux est à eux ! ***Alléluia.***

Évangile de Jésus Christ

selon saint Matthieu (19, 27-29)

« Vous qui m'avez suivi, vous recevrez le centuple »

En ce temps-là, Pierre prit la parole et dit à Jésus : « Voici que nous avons tout quitté pour te suivre : quelle sera donc notre part ? » Jésus leur déclara : « Amen, je vous le dis : lors du renouvellement du monde, lorsque le Fils de l'homme siégera sur son trône de gloire, vous qui m'avez suivi, vous siégerez vous aussi sur douze trônes pour juger les douze tribus d'Israël. Et celui qui aura quitté, à cause de mon nom, des maisons, des frères, des sœurs, un père, une mère, des enfants, ou une terre, recevra le centuple, et il aura en héritage la vie éternelle. »

Prière sur les offrandes

Seigneur, regarde avec bienveillance les offrandes que nous te présentons en célébrant le bienheureux Benoît : fais qu'à son exemple, en ne cherchant que toi, nous trouvions à ton service les dons de l'unité et de la paix. Par le Christ, notre Seigneur. — ***Amen.*** *Préface des saints, p. 223, ou des religieux, p. 225.*

Antienne de la communion

Voici le serviteur fidèle et avisé
que le maître a établi sur sa maison,
pour donner à chacun, en temps
voulu, sa part de blé.
(cf. Lc 12, 42)

Prière après la communion

Après avoir reçu le gage de la vie éternelle, nous te prions humblement, Seigneur ; puissions-nous suivre les enseignements du bienheureux Benoît : être fidèles à te servir dans la prière, aimer nos frères avec une ardente charité. Par le Christ, notre Seigneur.
— Amen.

INVITATION

Par l'intercession de saint Benoît, copatron de l'Europe,
je prie pour que notre continent vive en paix et se montre accueillant à tous.

COMMENTAIRE

Au-delà de nos limites

Matthieu 19, 27-29

Les douze Apôtres sont le germe de la communauté fondée par Jésus Christ pour rassembler le peuple de Dieu au renouvellement du monde. Ce Royaume à venir n'est pas en opposition mais en excès des limites de nos liens familiaux ou religieux traditionnels. Il porte du fruit au centuple. La fraternité monastique fondée par saint Benoît, il y a quinze siècles, illustre cette fécondité accordée à ceux qui s'abandonnent au Christ. ■

Nicolas Tarralle, *prêtre assomptionniste*

Temps ordinaire, *suggestion d'oraisons et d'antiennes n° 21*
ou **bienheureuse Vierge Marie,** *voir p. 38*

Antienne d'ouverture

Incline vers moi ton oreille, Seigneur, exauce-moi.
Sauve, ô mon Dieu, ton serviteur qui espère en toi.
Prends pitié de moi, Seigneur, toi que j'appelle tout le jour.
(cf. Ps 85, 1-3)

Prière

Seigneur Dieu, toi qui unis les cœurs des fidèles dans une seule volonté : donne à ton peuple d'aimer ce que tu commandes et de désirer ce que tu promets, pour qu'au milieu des changements de ce monde, nos cœurs s'établissent fermement là où se trouvent les vraies joies. Par Jésus… *— **Amen.***

Lecture

du livre de la Genèse (49, 29-33 ; 50, 15-26a)

« Dieu vous visitera et vous fera remonter de ce pays »

En ces jours-là, Jacob donna cet ordre à ses fils : « Je vais être réuni aux miens. Enterrez-moi auprès de mes pères, dans la caverne qui est dans le champ d'Éphrone le Hittite, dans la caverne du champ de Macpéla, en face de Mambré, au pays de Canaan, le champ qu'Abraham a acheté à Éphrone le Hittite comme propriété funéraire. C'est là que

furent enterrés Abraham et son épouse Sara; c'est là que furent enterrés Isaac et son épouse Rébecca; c'est là que j'ai enterré Léa. C'est le champ qui fut acheté aux Hittites, avec la caverne qui s'y trouve. » Lorsque Jacob eut achevé de donner ses instructions à ses fils, il s'allongea sur son lit, il expira et fut réuni aux siens.

Voyant que leur père était mort, les frères de Joseph se dirent : « Si jamais Joseph nous prenait en haine, s'il allait nous rendre tout le mal que nous lui avons fait... » Ils firent dire à Joseph : « Avant de mourir, ton père a exprimé cette volonté : "Vous demanderez ceci à Joseph : De grâce, pardonne à tes frères leur crime et leur péché. Oui, ils t'ont fait du mal, mais toi, maintenant, pardonne donc le crime des serviteurs du Dieu de ton père !" » En entendant ce message, Joseph pleura. Puis ses frères vinrent eux-mêmes se jeter à ses pieds et lui dire : « Voici que nous sommes tes esclaves. » Mais Joseph leur répondit : « Soyez sans crainte ! Vais-je prendre la place de Dieu ? Vous aviez voulu me faire du mal, Dieu a voulu le changer en bien, afin d'accomplir ce qui se réalise aujourd'hui : préserver la vie d'un peuple nombreux. Soyez donc sans crainte : moi, je prendrai soin de vous et de vos jeunes enfants. » Il les réconforta par des paroles qui leur allaient au cœur.

Joseph demeura en Égypte avec la famille de son père, et il vécut cent dix ans. Il vit les petits-enfants de son fils Éphraïm; quant aux enfants de Makir, fils de Manassé son autre fils, il les reçut sur ses genoux à leur naissance. Joseph dit à ses frères : « Je vais mourir. Dieu vous visitera et vous fera remonter de ce pays dans le pays qu'il a fait serment de donner à Abraham, Isaac et Jacob. » Joseph fit prêter serment aux fils d'Israël, en disant : « Quand Dieu vous visitera, vous ferez monter d'ici mes ossements. » Et Joseph mourut à cent dix ans. – Parole du Seigneur.

Psaume 104 (105)

℞ *Cherchez Dieu, vous les humbles, et votre cœur vivra.*

Rendez grâce au Seigneur,
proclamez son nom,
annoncez parmi les peuples ses hauts faits ;
chantez et jouez pour lui,
redites sans fin ses merveilles. ℞

Glorifiez-vous de son nom très saint :
joie pour les cœurs qui cherchent Dieu !
Cherchez le Seigneur et sa puissance,
recherchez sans trêve sa face. ℞

Vous, la race d'Abraham son serviteur,
les fils de Jacob, qu'il a choisis.
Le Seigneur, c'est lui notre Dieu :
ses jugements font loi
pour l'univers. ℞

Acclamation de l'Évangile

Alléluia. Alléluia. Si l'on vous insulte pour le nom du Christ, heureux êtes-vous : l'Esprit de Dieu repose sur vous. ***Alléluia.***

Évangile de Jésus Christ

selon saint Matthieu (10, 24-33)

« Ne craignez pas ceux qui tuent le corps »

En ce temps-là, Jésus disait à ses Apôtres : « Le disciple n'est pas au-dessus de son maître, ni le serviteur au-dessus de son seigneur. Il suffit que le disciple soit comme son maître, et le serviteur, comme son seigneur. Si les gens ont traité de Béelzéboul le maître de maison, ce sera bien pire pour ceux de sa maison. Ne craignez donc pas ces gens-là ; rien n'est voilé qui ne sera dévoilé, rien n'est caché qui ne sera connu. Ce que je vous dis dans les ténèbres, dites-le en pleine lumière ; ce que vous entendez au creux de l'oreille, proclamez-le sur les toits. Ne craignez pas ceux qui tuent le corps sans pouvoir tuer l'âme ; craignez plutôt celui qui peut faire périr dans la géhenne l'âme aussi bien que le corps. Deux moineaux ne sont-ils pas vendus pour un sou ? Or, pas un seul ne tombe à terre sans que votre Père le veuille. Quant à vous, même les cheveux de votre tête sont tous comptés. Soyez donc sans crainte : vous valez bien plus qu'une multitude de moineaux. Quiconque se déclarera pour moi* devant les hommes, moi aussi je me déclarerai pour lui devant mon Père qui est aux cieux. Mais celui qui me reniera devant les hommes, moi aussi je le renierai devant mon Père qui est aux cieux. »

Prière sur les offrandes

Par l'unique sacrifice, offert une fois pour toutes, tu t'es donné, Seigneur, le peuple que tu as adopté ; en ta bienveillance, accorde-nous la grâce de l'unité et de la paix dans ton Église. Par le Christ, notre Seigneur. — ***Amen.***

Antienne de la communion

La terre se rassasie du fruit
de tes œuvres, Seigneur,
tu fais produire à la terre le pain,
et le vin qui réjouit
le cœur de l'homme. (cf. Ps 103, 13-15)

OU

Qui mange ma chair et boit mon sang
a la vie éternelle, dit le Seigneur ;
et moi, je le ressusciterai
au dernier jour. (Jn 6, 54)

Prière après la communion

Que ta miséricorde agisse en nous, Seigneur, nous t'en prions, et qu'elle nous guérisse entièrement ; par ta bonté, transforme-nous et rends-nous si fervents que nous puissions te plaire en toute chose. Par le Christ, notre Seigneur. — ***Amen.***

INVITATION

Je peux prier le chapelet de Lourdes en direct à 15 h 30 sur le site internet du sanctuaire ou en le suivant dans les médias.

COMMENTAIRE

Du haut du toit Matthieu 10, 24-33

Jésus est traité de l'exact contraire de ce que sa sainteté donne à voir. Aveuglement et ténèbres du monde ! Comment les apôtres pourraient-ils prétendre recevoir un meilleur accueil ? Mais Jésus leur révèle surtout que son Père est infiniment aimant de chacune de ses créatures. Et d'eux plus que toutes. La fidélité des disciples du Christ illumine cette vie reçue de Dieu. Comment ne le proclamerions-nous pas sur les toits ? ■

Nicolas Tarralle, prêtre assomptionniste

❊ CLÉ DE LECTURE

« Quiconque se déclarera pour moi » Matthieu 10, 32 *(p. 82)*

Cette série d'enseignements qui trouvent leurs parallèles chez Luc, provient d'une source ancienne rassemblant des paroles de Jésus. Des phrases brèves reflètent une période de tracasseries et de difficultés que rencontrèrent, très tôt après la résurrection de Jésus, des disciples itinérants partis annoncer la Bonne Nouvelle sur les routes de Galilée. Leur tendance est à la radicalité, mais ils s'appuient aussi sur des maximes populaires, car la foi chrétienne partage la sagesse humaine dans sa quête de paix et de vérité, de respect et de soin égal apporté à chacun. C'est l'attitude du Dieu créateur qui est « imitée » ; c'est aussi celle de Jésus refusant toute violence. À cela, il faut tenir quoi qu'il arrive, à celui-là donner sa foi jusqu'au bout. ■

Roselyne Dupont-Roc, bibliste

DIMANCHE 13 JUILLET 2025

15E DIMANCHE DU TEMPS ORDINAIRE

ANNÉE C – COULEUR LITURGIQUE : VERT

« Il le vit et fut saisi de compassion. » Luc 10, 33

© Marion Duval

Du proche au prochain ! Telle doit être la charité de tout disciple du Christ. Cette charité pousse à aimer tout proche comme le frère et la sœur ayant besoin d'attention, d'aide, de soin. L'amour évangélique ne cherche pas les grands exploits, il est à vivre humblement au quotidien. Que l'Esprit du Ressuscité nous en rende dignes.

RITES INITIAUX

Chant d'entrée *(Suggestions p. 243)*

OU

Antienne d'ouverture

Moi, par ta justice, je verrai ta face ;
quand ta gloire se manifestera, je serai rassasié.
(cf. Ps 16, 15)

Suggestion de préparation pénitentielle *(ou p. 214)*

Le Christ nous apprend à aimer. Au seuil de cette célébration, reconnaissons-nous pécheurs et implorons la miséricorde du Seigneur. Qu'elle ravive en nous la fidélité à l'Évangile.

Seigneur Jésus, toi la Parole faite chair, tu nous donnes ton pardon, Kyrie, eleison.

— Kyrie, eleison.

Ô Christ, toi la source de la vie, tu réveilles en nous ta grâce, Christe, eleison.

— Christe, eleison.

Seigneur, toi l'exemple de l'amour, tu nous apprends à aimer, Kyrie, eleison.

— Kyrie, eleison.

Que Dieu tout-puissant nous fasse miséricorde ; qu'il nous pardonne nos péchés et nous conduise à la vie éternelle. ***— Amen.***

Gloire à Dieu *(p. 216)*

Prière

Seigneur Dieu, tu montres aux égarés la lumière de ta vérité pour qu'ils puissent reprendre le bon chemin ; donne à tous ceux qui se déclarent chrétiens de rejeter ce qui est contraire à ce nom et de rechercher ce qui lui fait honneur. Par Jésus… **— *Amen.***

LITURGIE DE LA PAROLE

Lecture du livre du Deutéronome (30, 10-14)

« Elle est tout près de toi, cette Parole, afin que tu la mettes en pratique »

Moïse disait au peuple : « Écoute la voix du Seigneur ton Dieu, en observant ses commandements et ses décrets inscrits dans ce livre de la Loi, et reviens au Seigneur ton Dieu de tout ton cœur et de toute ton âme. Car cette loi que je te prescris aujourd'hui n'est pas au-dessus de tes forces ni hors de ton atteinte. Elle n'est pas dans les cieux, pour que tu dises : "Qui montera aux cieux nous la chercher ? Qui nous la fera entendre, afin que nous la mettions en pratique ?" Elle n'est pas au-delà des mers, pour que tu dises : "Qui se rendra au-delà des mers nous la chercher ? Qui nous la fera entendre, afin que nous la mettions en pratique ?" Elle est tout près de toi, cette Parole, elle est dans ta bouche et dans ton cœur, afin que tu la mettes en pratique. » – Parole du Seigneur.

Psaume 18B (19)

℟ ***Les préceptes du Seigneur sont droits, ils réjouissent le cœur !***

T. : AELF ; M. : T. Ospital ; Éd. : ADF.

La loi du Seigneur est parfaite,
qui redonne vie ;
la charte du Seigneur est sûre,
qui rend sages les simples. ℟

Les préceptes du Seigneur sont droits,
ils réjouissent le cœur ;
le commandement du Seigneur est limpide,
il clarifie le regard. ℟

Écoutez ce psaume sur **www.prionseneglise.fr/messe-du-dimanche**

La crainte qu'il insp<u>i</u>re est pure,
elle est l<u>à</u> pour toujours ;
les décisions du Seigne<u>u</u>r sont justes
et vraim<u>e</u>nt équitables : ℟

plus désir<u>a</u>bles que l'or,
qu'une m<u>a</u>sse d'or fin,
plus savoure<u>u</u>ses que le miel
qui co<u>u</u>le des rayons. ℟

On peut aussi prendre le psaume 68 (69).

Lecture de la lettre de saint Paul apôtre aux Colossiens (1, 15-20)

« Tout est créé par lui et pour lui »

Le Christ Jésus est l'image du Dieu invisible, le premier-né, avant toute créature : en lui, tout fut créé, dans le ciel et sur la terre. Les êtres visibles et invisibles, Puissances, Principautés, Souverainetés, Dominations, tout est créé par lui et pour lui. Il est avant toute chose, et tout subsiste en lui.

Il est aussi la tête du corps, la tête de l'Église : c'est lui le commencement, le premier-né d'entre les morts, afin qu'il ait en tout la primauté. Car Dieu a jugé bon qu'habite en lui toute plénitude et que tout, par le Christ, lui soit enfin réconcilié, faisant la paix par le sang de sa Croix, la paix pour tous les êtres sur la terre et dans le ciel. – Parole du Seigneur.

Acclamation de l'Évangile

Alléluia. Alléluia. Tes paroles, Seigneur, sont esprit et elles sont vie. Tu as les paroles de la vie éternelle. ***Alléluia.***

CNA n° 215-27 ; M. : J. Berthier.

Évangile de Jésus Christ selon saint Luc (10, 25-37)

« Qui est mon prochain ? »

En ce temps-là, voici qu'un docteur de la Loi se leva et mit Jésus à l'épreuve en disant : « Maître, que dois-je faire pour avoir en héritage la vie éternelle ? » Jésus lui demanda : « Dans la Loi, qu'y a-t-il d'écrit ? Et comment lis-tu ? » L'autre répondit : « *Tu aimeras le Seigneur ton Dieu de tout ton cœur, de toute ton âme, de toute ta force et de toute ton intelligence, et ton prochain comme toi-même.* » Jésus lui dit : « Tu as répondu correctement. Fais ainsi et tu vivras. » Mais lui, voulant se justifier, dit à Jésus : « Et qui est mon prochain ? » Jésus reprit la parole : « Un homme descendait de Jérusalem à Jéricho, et il tomba sur des bandits ; ceux-ci, après l'avoir dépouillé et roué de coups, s'en allèrent, le laissant à moitié mort. Par hasard, un prêtre descendait par ce chemin ; il le vit et passa de l'autre côté. De même un lévite arriva à cet endroit ; il le vit et passa de l'autre côté. Mais un Samaritain, qui était en route, arriva près de lui ; il le vit et fut saisi de compassion. Il s'approcha, et pansa ses blessures en y versant de l'huile et du vin ; puis il le chargea sur sa propre monture, le conduisit dans une auberge et prit soin de lui. Le lendemain, il sortit deux pièces d'argent, et les donna à l'aubergiste, en lui disant : "Prends soin de lui ; tout ce que tu auras dépensé en plus, je te le rendrai quand je repasserai." Lequel des trois, à ton avis, a été le prochain de l'homme tombé aux mains des bandits ? » Le docteur de la Loi répondit : « Celui qui a fait preuve de pitié envers lui. » Jésus lui dit : « Va, et toi aussi, fais de même. »

Homélie

Profession de foi (p. 217)

Suggestion de prière universelle

Le prêtre :

Par sa croix, le Christ a fait « la paix pour tous les êtres sur la terre et dans le ciel ». Élargissons notre prière à la mesure de son amour, présentons à Dieu notre Père les intentions du monde entier.

℟ ***En ta bonté, Seigneur, écoute notre appel.***

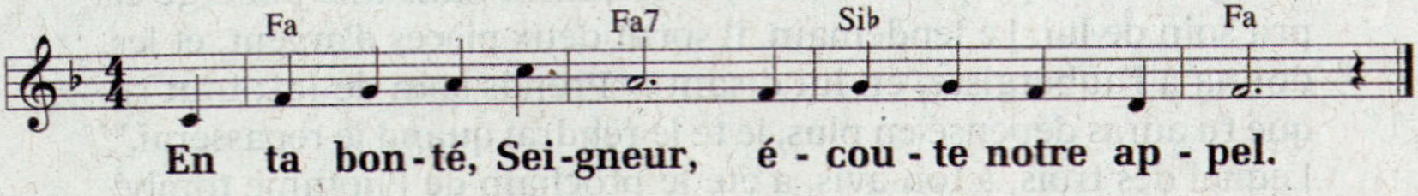

Y 33-3 SM ; T. et M. : M. Debaisieux.

Le diacre ou un lecteur :

Prions pour l'Église du Christ, qu'elle se fasse proche de tous les hommes et soit instrument de réconciliation au cœur du monde. Ensemble, supplions. ℟

Prions pour tous les acteurs de la fraternité. Que nos dirigeants aient toujours le souci de ces témoins de la solidarité. Ensemble, supplions. ℟

Prions pour toutes les personnes qui prennent soin des plus fragiles. Que les aidants, les soignants, les accompagnants puisent en toi, Père, force et joie. Ensemble, supplions. ℟

Prions pour celles et ceux qui vivront cet été une retraite spirituelle à l'écoute de la Parole. Que l'Évangile ravive en leur cœur la joie et l'espérance. Ensemble, supplions. ℟

(Ces intentions seront adaptées ou modifiées selon les circonstances. On peut aussi s'inspirer de l'intention universelle du Saint-Père, p. 6.)

Le prêtre :

Dieu notre Père, nous implorons ton amour et ta bonté. Écoute les prières que nous t'adressons en ce jour et, dans ta miséricorde, daigne les exaucer. Par le Christ, notre Seigneur. ***— Amen.***

LITURGIE EUCHARISTIQUE

Prière sur les offrandes

Regarde, Seigneur, les dons de l'Église qui te supplie : accorde à tes fidèles qui vont les recevoir la grâce d'une sainteté plus grande. Par le Christ, notre Seigneur. ***— Amen.***

Prière eucharistique *(Préface des dimanches, p. 221)*

Chant de communion *(Suggestions p. 243)*

OU

Antienne de la communion

Le passereau lui-même s'est trouvé une maison,
et la tourterelle, un nid pour abriter sa couvée :

tes autels, Seigneur de l'univers, mon Roi et mon Dieu !
Heureux les habitants de ta maison :
ils te loueront pour les siècles des siècles.
(cf. Ps 83, 4-5)
OU
Celui qui mange ma chair et boit mon sang
demeure en moi, et moi, je demeure en lui, dit le Seigneur.
(Jn 6, 56)

Prière après la communion

Nous avons reçu tes bienfaits, Seigneur, et nous te supplions : chaque fois que nous célébrons ce mystère, fais grandir en nous ton œuvre de salut. Par le Christ, notre Seigneur. — ***Amen.***

RITE DE CONCLUSION

Bénédiction

Envoi

COMMENTAIRE DU DIMANCHE

Karem Bustica, rédactrice en chef de *Prions en Église*

Une dynamique inversée

Un docteur de la Loi, une mise à l'épreuve et une interrogation sur la vie éternelle conduisent Jésus à raconter cette parabole, traditionnellement appelée du Bon Samaritain. L'attitude des trois personnages envers l'homme blessé au bord du chemin illustre l'interpellation que Jésus adresse à son interlocuteur : « À ton avis, qui s'est fait le prochain ? »
Jusque-là, aimer son prochain pouvait être compris comme aimer ceux qui nous sont proches. Désormais, la dynamique est inversée car Jésus invite à se rendre prochain de celui qui souffre. Autrement dit, il ne s'agit plus de se demander qui mérite notre amour, mais de savoir comment se rapprocher de celui qui est dans la détresse. Le prochain n'est pas seulement celui qui est géographiquement, socialement ou religieusement proche. •••

••• Il est aussi celui qui agit avec amour et compassion, comme le Samaritain de la parabole. Il est aussi n'importe quel être humain plongé dans le malheur, comme l'homme roué de coups.
Aimer son prochain comme soi-même, se faire le prochain de celui qui souffre, c'est du concret, et nous voilà invités à faire de même. Jésus est le vrai Samaritain. Il n'a pas aboli, mais il a accompli la Loi. Par sa naissance, sa mort et sa résurrection, il s'est rendu prochain de notre humanité vouée à la mort. Il l'a délivrée. Et il l'a menée à la vie éternelle.

~

Qu'est-ce qui me touche dans cette parabole ?

Qu'est-ce que j'apprends de la mission de Jésus ?

Comment mettre en pratique l'amour du prochain aujourd'hui ? ■

PrionsenÉglise junior

CE QUE JE DÉCOUVRE

Étonnant ! Celui qui vient en aide à l'homme laissé à moitié mort est un Samaritain, un étranger. Il fait penser à Jésus qui a parcouru les routes pour faire preuve d'attention et de fraternité envers les veuves, les aveugles, les lépreux et tous ceux qui souffrent. **Jésus continue de s'approcher de nous quand nous sommes tristes ou malades.** Mais s'il ressemble au Samaritain, il ressemble aussi à l'homme blessé. Jésus, lui aussi, a été roué de coups, mis en croix et mis à mort. Puis il est ressuscité. **Aujourd'hui, il vit pour toujours et nous promet une vie qui ne finit pas.**

CE QUE JE VIS

Jésus fait se fait proche de tout homme, de toute femme. As-tu déjà ressenti sa présence ? À quoi nous invite le Samaritain ? **Réalise une bande dessinée et imagine ce que pensent le prêtre, le lévite et le Samaritain.**

Texte : Thibault Van Den Driessche. Illustrations : Marcelino Truong

MÉDITATION BIBLIQUE

15E DIMANCHE DU TEMPS ORDINAIRE

Évangile selon saint Luc 10, 25-37

La clé de la compassion

Jésus ne vient pas remplacer la Loi mais, par sa vie, en donne des critères d'interprétation.

Le temps de la préparation

« La loi du Seigneur est parfaite, qui redonne vie; la charte du Seigneur est sûre, qui rend sages les simples. » (Ps 18, 8)

Le temps de l'observation

Jésus prend au sérieux la question de ce docteur de la Loi : « Que dois-je faire pour avoir la vie éternelle ? » Il répond à ce questionnement en le renvoyant à l'enseignement de la Torah, de la Loi juive. Il ne cherche pas à enseigner autre chose que ce que dit la tradition, il n'est pas en concurrence avec elle. Les choses se compliquent quand l'homme demande des précisions. Jésus raconte alors une histoire pour illustrer ce que signifie aimer le Seigneur et son prochain. Or, dans le récit raconté, Jésus donne en exemple un étranger capable d'agir avec compassion envers un inconnu. L'exemple choisi est déstabilisant car il fait appel à une expérience qui n'est pas prise à l'intérieur du judaïsme, mais qui relève de l'humanité des personnes. Dans cet écart, l'interprétation de Jésus se dévoile. S'il ne conteste absolument pas la Loi juive, c'est à partir de l'humanité en soi qu'il propose sa réalisation.

Le temps de la méditation

La compassion est un critère pour appliquer la Loi. C'est ce que l'interlocuteur de Jésus lui demandait et c'est la réponse qu'il obtient. Voilà une des marques de fabrique de l'enseignement de Jésus. La compassion ne remplace pas la Loi mais elle permet de la réaliser dans les situations compliquées du quotidien. C'est une grille d'interprétation valable pour tous les humains quelles que soient leurs cultures. Les non-juifs qui ne sont pas soumis à la Loi comprendront qu'eux aussi sont concernés par cette clé d'interprétation de la réalité. Car, eux aussi, vivent sous une loi, celle de leur culture. Devenir disciples du Christ, pour eux, cela se traduira en appliquant cette exigence aux règles de leur propre tradition. Aujourd'hui, pour chacun d'entre nous, chrétien ou non, cette clé fonctionne. La loi exige d'être interprétée pour être respectée et cette interprétation passe par le cœur.

Le temps de la prière

« Les préceptes du Seigneur sont droits, ils réjouissent le cœur ; le commandement du Seigneur est limpide, il clarifie le regard. » (Ps 18, 9) ■

Marie-Laure Durand, bibliste

DES IMAGES POUR LA FOI

15E DIMANCHE DU TEMPS ORDINAIRE

Le prophète

Même si Moïse a les épaules larges, la mission de prophète n'est jamais facile. Michel-Ange le représente en vrai serviteur du Seigneur.

On sent que Moïse n'est pas installé pour longtemps sur son siège et qu'à tout instant, il semble prêt à se lever. Le front plissé, il tourne la tête comme s'il gardait un œil sur le peuple que le Seigneur lui a confié. Le Moïse de Michel-Ange est un colosse dont les bras et les mains puissantes semblent démesurés pour tenir les fragiles tables de la Loi. Même si sa longue barbe lui donne la majesté d'un lion et si ses « cornes » nous rappellent les rayons de la gloire de Dieu qui illuminent son visage (cf. Ex 34, 29), ne nous trompons pas, le prophète reste « l'homme le plus humble que la terre ait porté » (Nb 12, 3). Être le porte-parole de Dieu n'est pas une tâche facile : il faut être solide et habité pour être capable de faire face à la colère du peuple qui récrimine ou de se mettre en travers de la colère divine (cf. Ps 105, 23). D'un bloc de marbre de Carrare, avec toute la virtuosité et l'art de la composition qu'on lui connaît, Michel-Ange a fait jaillir cette figure prophétique dans laquelle se mêlent force et inquiétude. Son Moïse ne prend pas la pose ; tel un contremaître sur un chantier, il veille à tout : il accomplit la mission que le Seigneur lui a confiée. ■

Dominique Pierre

© G. Nimatallah

Moïse
(1513-1515),
Michel-Ange.
Basilique
Saint-Pierre-
aux-Liens,
Rome (Italie).

LUNDI 14 JUILLET 2025

15E SEMAINE DU TEMPS ORDINAIRE COULEUR LITURGIQUE : VERT

Temps ordinaire, *suggestion d'oraisons et d'antiennes n° 22*
ou **saint Camille de Lellis**

Antienne d'ouverture

**Prends pitié de moi, Seigneur, car j'ai crié vers toi tout le jour,
toi qui es bon et qui pardonnes, plein de miséricorde
pour tous ceux qui t'appellent.** (cf. Ps 85, 3.5)

Prière

Dieu de l'univers, de qui vient tout don parfait, enracine en nos cœurs l'amour de ton nom ; augmente notre foi pour développer ce qui est bon en nous ; veille sur nous avec sollicitude pour protéger ce que tu as fait grandir. Par Jésus… ***– Amen.***

Lecture

du livre de l'Exode (1, 8-14.22)

« Prenons les dispositions voulues pour empêcher Israël de se multiplier »

En ces jours-là, un nouveau roi vint au pouvoir en Égypte. Il n'avait pas connu Joseph. Il dit à son peuple : « Voici que le peuple des fils d'Israël est maintenant plus nombreux et plus puissant que nous. Prenons donc les dispositions voulues pour l'empêcher de se multiplier. Car, s'il y avait une guerre, il se joindrait à nos ennemis, combattrait contre nous, et ensuite il sortirait du pays. » On imposa donc aux fils d'Israël des chefs de corvée pour les accabler de travaux pénibles. Ils durent bâtir pour Pharaon les villes d'entrepôts de Pithome et de Ramsès. Mais, plus on les accablait, plus ils se multipliaient et proliféraient, ce qui les fit détester. Les Égyptiens soumirent les fils d'Israël à un dur esclavage et leur rendirent la vie intenable à force de corvées : préparation de l'argile et des briques et toutes sortes de travaux à la campagne ; tous ces travaux étaient pour eux un dur esclavage. Pharaon donna cet ordre à tout son peuple : « Tous les fils qui naîtront aux Hébreux, jetez-les dans le Nil. Ne laissez vivre que les filles. »

– Parole du Seigneur.

Psaume 123 (124)

℟ *Notre secours est dans le nom du Seigneur.*

Sans le Seigneur qui était pour nous
– qu'Israël le redise –
sans le Seigneur qui était pour nous
quand des hommes nous assaillirent,
alors ils nous avalaient tout vivants,
dans le feu de leur colère. ℟

Alors le flot passait sur nous,
le torrent nous submergeait ;
alors nous étions submergés
par les flots en furie.

Béni soit le Seigneur
qui n'a pas fait de nous la proie
de leurs dents ! ℟

Comme un oiseau, nous avons échappé
au filet du chasseur ;
le filet s'est rompu :
nous avons échappé.
Notre secours est dans le nom du Seigneur
qui a fait le ciel et la terre. ℟

Acclamation de l'Évangile

Alléluia. Alléluia. Heureux ceux qui sont persécutés pour la justice, car le royaume des Cieux est à eux ! ***Alléluia.***

Évangile de Jésus Christ

selon saint Matthieu (10, 34 – 11, 1)

« Je ne suis pas venu apporter la paix, mais le glaive »

En ce temps-là, Jésus disait à ses Apôtres : « Ne pensez pas que je sois venu apporter la paix sur la terre : je ne suis pas venu apporter la paix, mais le glaive. Oui, je suis venu séparer l'homme de son père, la fille de sa mère, la belle-fille de sa belle-mère : on aura pour ennemis les gens de sa propre maison. Celui qui aime son père ou sa mère plus que moi n'est pas digne de moi ; celui qui aime son fils ou sa fille plus que moi n'est pas digne de moi ; celui qui ne prend pas sa croix* et ne me suit pas n'est pas digne de moi. Qui a trouvé sa vie la perdra ; qui a perdu sa vie à cause de moi la trouvera. Qui vous accueille m'accueille ; et qui m'accueille accueille Celui qui m'a envoyé. Qui accueille un prophète en sa qualité de prophète recevra une récompense de prophète ; qui accueille un homme juste en sa qualité de juste recevra une récompense de juste. Et celui qui donnera à boire, même un simple verre d'eau fraîche, à l'un de ces petits en sa qualité de disciple, amen, je vous le dis : non, il ne perdra pas sa récompense. »

Lorsque Jésus eut terminé les instructions qu'il donnait à ses douze disciples, il partit de là pour enseigner et proclamer la Parole dans les villes du pays.

Prière sur les offrandes

Que cette offrande sainte nous apporte à jamais, Seigneur, la bénédiction du salut, afin qu'elle donne toute sa force à ce qu'elle accomplit dans le sacrement. Par le Christ, notre Seigneur. **— *Amen.***

Antienne de la communion

Qu'ils sont grands, tes bienfaits,
Seigneur ! Tu les réserves
à ceux qui te craignent.
(Ps 30, 20)
OU
Heureux les artisans de paix,
car ils seront appelés fils de Dieu.
Heureux ceux qui sont persécutés
pour la justice,
car le royaume des Cieux est à eux.
(Mt 5, 9-10)

Prière après la communion

Rassasiés par le pain reçu à la table du ciel, nous te prions, Seigneur : que cette nourriture fortifie en nos cœurs la charité, et nous stimule à te servir dans nos frères. Par le Christ, notre Seigneur. **— *Amen.***

INVITATION

En ce 14 juillet, je prie pour la France et pour celles et ceux qui exercent des responsabilités politiques au service du bien commun.

COMMENTAIRE

Dieu libère Exode 1, 8-14.22

Le livre de l'Exode témoigne de la foi en un Dieu qui libère. Nous pouvons le lire dans la perspective de l'histoire d'Israël et dans la perspective de notre propre cheminement. La liberté ne va pas de soi, nous la désirons autant que nous la redoutons pour nous-mêmes et pour les autres. Tout processus de croissance et de libération suscite des résistances. Quoi qu'il en soit, personne ne peut mettre en échec le projet de Dieu de faire de nous des « adorateurs en esprit et en vérité ». ■

***Emmanuelle Billoteau,** ermite*

✲ CLÉ DE LECTURE

« Qui ne prend pas sa croix » Matthieu 10, 38 *(p. 104)*

Une atmosphère lourde : la haine s'insinue entre les proches et détruit les liens les plus forts. Les groupes radicaux nés du « mouvement de Jésus » divisent évidemment les familles. Jusqu'aujourd'hui, des chrétiens font l'expérience de persécutions et de délations qui peuvent conduire à la mort. La métaphore « prendre sa croix » ne se comprend bien que dans la suite de celui qui véritablement a été crucifié et qui est mort pour que tous soient réconciliés. La même haine de la parole prophétique exigeante, qui dénonce le mal et met à jour les cœurs, poursuit maintenant ceux qui veulent rester fidèles au Maître. Mais « prendre » sa croix, c'est aussi la soulever, l'élever, et le geste évoque la gloire du Seigneur qui rejaillit sur le disciple ! ■

***Roselyne Dupont-Roc,** bibliste*

MARDI 15 JUILLET 2025

15E SEMAINE DU TEMPS ORDINAIRE COULEUR LITURGIQUE : BLANC

Saint Bonaventure

1221-1274. En 1257, cet éminent théologien devint le septième ministre général de l'ordre des Frères mineurs qu'il dirigea avec sagesse. Docteur de l'Église.

13 - 19

Antienne d'ouverture

Je m'occuperai de mes brebis, je veillerai sur elles,
dit le Seigneur, je susciterai à leur tête un seul berger.
Moi, le Seigneur, je serai leur Dieu. (cf. Ez 34, 11.23-24)

OU

Voici l'intendant fidèle et avisé que le maître a établi sur sa maison,
pour donner à chacun, en temps voulu, sa part de blé. (cf. Lc 12, 42)

Prière

Accorde-nous, Dieu tout-puissant, tandis que nous célébrons la naissance au ciel de l'évêque saint Bonaventure, de mettre à profit les richesses de son enseignement, et de prendre toujours exemple sur sa brûlante charité. Par Jésus… — ***Amen.***

Lecture

du livre de l'Exode (2, 1-15a)

« Elle lui donna le nom de Moïse, en disant : "Je l'ai tiré des eaux." Or vint le jour où Moïse, qui avait grandi, se rendit auprès de ses frères »

En ces jours-là, un homme de la tribu de Lévi avait épousé une femme de la même tribu. Elle devint enceinte, et elle enfanta un fils. Voyant qu'il était beau, elle le cacha durant trois mois. Lorsqu'il lui fut

impossible de le tenir caché plus longtemps, elle prit une corbeille de jonc, qu'elle enduisit de bitume et de goudron. Elle y plaça l'enfant, et déposa la corbeille au bord du Nil, au milieu des roseaux. La sœur de l'enfant se tenait à distance pour voir ce qui allait arriver.

La fille de Pharaon descendit au fleuve pour s'y baigner, tandis que ses suivantes se promenaient sur la rive. Elle aperçut la corbeille parmi les roseaux et envoya sa servante pour la prendre. Elle l'ouvrit et elle vit l'enfant. C'était un petit garçon, il pleurait. Elle en eut pitié et dit : « C'est un enfant des Hébreux. » La sœur de l'enfant dit alors à la fille de Pharaon : « Veux-tu que j'aille te chercher, parmi les femmes des Hébreux, une nourrice qui, pour toi, nourrira l'enfant ? » La fille de Pharaon lui répondit : « Va. » La jeune fille alla donc chercher la mère de l'enfant. La fille de Pharaon dit à celle-ci : « Emmène cet enfant et nourris-le pour moi. C'est moi qui te donnerai ton salaire. » Alors la femme emporta l'enfant et le nourrit.

Lorsque l'enfant eut grandi, elle le ramena à la fille de Pharaon qui le traita comme son propre fils ; elle lui donna le nom de Moïse, en disant : « Je l'ai tiré des eaux. » Or vint le jour où Moïse, qui avait grandi, se rendit auprès de ses frères et les vit accablés de corvées. Il vit un Égyptien qui frappait un Hébreu, l'un de ses frères. Regardant autour de lui et ne voyant personne, il frappa à mort l'Égyptien et l'enfouit dans le sable. Le lendemain, il sortit de nouveau : voici que deux Hébreux se battaient. Il dit à l'agresseur : « Pourquoi frappes-tu ton compagnon ? » L'homme lui répliqua : « Qui t'a institué chef et juge sur nous ? Veux-tu me tuer comme tu as tué l'Égyptien ? » Moïse eut peur

et se dit : « Pas de doute, la chose est connue. » Pharaon en fut informé et chercha à faire tuer Moïse. Celui-ci s'enfuit loin de Pharaon et habita au pays de Madiane.
– Parole du Seigneur.

Psaume 68 (69)

℟ ***Cherchez Dieu, vous les humbles, et votre cœur vivra.***

J'enfonce dans la vase du gouffre,
rien qui me retienne ;
je descends dans l'abîme des eaux,
le flot m'engloutit. ℟

Et moi, je te prie, Seigneur :
c'est l'heure de ta grâce ;
dans ton grand amour, Dieu, réponds-moi,
par ta vérité sauve-moi. ℟

Et moi, humilié, meurtri,
que ton salut, Dieu, me redresse.
Et je louerai le nom de Dieu par un cantique,
je vais le magnifier, lui rendre grâce. ℟

Les pauvres l'ont vu, ils sont en fête :
« Vie et joie, à vous qui cherchez Dieu ! »
Car le Seigneur écoute les humbles,
il n'oublie pas les siens emprisonnés. ℟

Acclamation de l'Évangile

Alléluia. Alléluia. Aujourd'hui, ne fermez pas votre cœur, mais écoutez la voix du Seigneur. ***Alléluia.***

Évangile de Jésus Christ

selon saint Matthieu (11, 20-24)

« Au jour du Jugement, Tyr et Sidon et le pays de Sodome seront traités moins sévèrement que vous »

En ce temps-là, Jésus se mit à faire des reproches aux villles où avaient eu lieu la plupart de ses miracles, parce qu'elles ne s'étaient pas converties : « Malheureuse es-tu, Corazine ! Malheureuse es-tu, Bethsaïde ! Car, si les miracles qui ont eu lieu chez vous avaient eu lieu à Tyr et à Sidon, ces villes, autrefois, se seraient converties, sous le sac et la cendre. Aussi, je vous le déclare : au jour du Jugement, Tyr et Sidon seront traitées moins sévèrement que vous. Et toi, Capharnaüm, seras-tu donc élevée jusqu'au ciel ? Non, tu descendras jusqu'au séjour des morts ! Car, si les miracles qui ont eu lieu chez toi avaient eu lieu à Sodome, cette ville serait encore là aujourd'hui. Aussi, je vous le déclare : au jour du Jugement, le pays de Sodome sera traité moins sévèrement que toi. »

Prière sur les offrandes

En cette fête de saint Bonaventure, Seigneur, nous t'en prions, regarde avec bonté les offrandes que nous déposons sur l'autel qui t'est consacré ; en nous procurant ton pardon, qu'elles servent à la gloire de ton nom. Par le Christ, notre Seigneur. **— *Amen.***

Antienne de la communion

Heureux ce serviteur que le maître, quand il arrivera et frappera à la porte, trouvera en train de veiller. (cf. Lc 12, 36-37)

OU
Ce n'est pas vous qui m'avez choisi,
dit le Seigneur,
c'est moi qui vous ai choisis et établis,
afin que vous alliez,
que vous portiez du fruit,
et que votre fruit demeure.
(cf. Jn 15, 16)

Prière après la communion

Déjà rénovés par ces mystères très saints, nous te supplions humblement, Seigneur : puissions-nous, en prenant exemple sur saint Bonaventure, professer ce qu'il a cru et pratiquer ce qu'il a enseigné. Par le Christ, notre Seigneur. — ***Amen.***

INVITATION

Je décide d'un geste de sobriété pour aujourd'hui.

COMMENTAIRE

Les médiatrices de la vigilance de Dieu Exode 2, 1-15a

Dieu exerce sa vigilance à l'égard de Moïse qui conduira Israël vers la liberté. Et cela, à travers des médiations féminines : mère, sœur, fille de Pharaon et servantes. Un début qui contraste avec la violence des versets suivants. Voilà qui nous donne à méditer sur les différentes facettes de notre existence, les mouvements contraires qui traversent notre cœur ; à réfléchir également au caractère mortifère de la peur, à la douceur et à la simplicité de ce qui est beau et bon. ■

Emmanuelle Billoteau*, ermite*

MERCREDI 16 JUILLET 2025

15ᴱ SEMAINE DU TEMPS ORDINAIRE COULEUR LITURGIQUE : VERT

Temps ordinaire, *suggestion d'oraisons et d'antiennes n° 23*
ou **bienheureuse Vierge Marie du Mont Carmel,** *voir p. 116*

Antienne d'ouverture

Toi, tu es juste, Seigneur, tu es droit dans ton jugement.
Agis pour ton serviteur selon ta miséricorde.
(cf. Ps 118, 137.124a)

Prière

Seigneur Dieu, par toi nous vient la rédemption, par toi nous est donnée l'adoption filiale ; dans ta bonté, regarde avec amour tes enfants ; à ceux qui croient au Christ, accorde la vraie liberté et la vie éternelle en héritage. Par Jésus… ***– Amen.***

Lecture

du livre de l'Exode (3, 1-6.9-12)

« L'ange du Seigneur lui apparut dans la flamme d'un buisson en feu »

En ces jours-là, Moïse était berger du troupeau de son beau-père Jéthro, prêtre de Madiane. Il mena le troupeau au-delà du désert et parvint à la montagne de Dieu, à l'Horeb. L'ange du Seigneur lui apparut dans la flamme d'un buisson en feu. Moïse regarda : le buisson brûlait sans se consumer. Moïse se dit alors : « Je vais faire un détour pour voir cette chose extraordinaire : pourquoi le buisson ne se consume-t-il pas ? » Le Seigneur vit qu'il avait fait un détour pour voir, et Dieu l'appela du

milieu du buisson : « Moïse ! Moïse ! » Il dit : « Me voici ! » Dieu dit alors : « N'approche pas d'ici ! Retire les sandales de tes pieds, car le lieu où tu te tiens est une terre sainte ! » Et il déclara : « Je suis le Dieu de ton père, le Dieu d'Abraham, le Dieu d'Isaac, le Dieu de Jacob. » Moïse se voila le visage car il craignait de porter son regard sur Dieu. Le Seigneur dit : « Maintenant, le cri des fils d'Israël est parvenu jusqu'à moi, et j'ai vu l'oppression que leur font subir les Égyptiens. Maintenant donc, va ! Je t'envoie chez Pharaon : tu feras sortir d'Égypte mon peuple, les fils d'Israël. » Moïse dit à Dieu : « Qui suis-je pour aller trouver Pharaon, et pour faire sortir d'Égypte les fils d'Israël ? » Dieu lui répondit : « Je suis avec toi. Et tel est le signe que c'est moi qui t'ai envoyé : quand tu auras fait sortir d'Égypte mon peuple, vous rendrez un culte à Dieu sur cette montagne. »
– Parole du Seigneur.

Psaume 102 (103)

℟ ***Le Seigneur est tendresse et pitié.***

Bénis le Seigneur, ô mon âme,
bénis son nom très saint, tout mon être !
Bénis le Seigneur, ô mon âme,
n'oublie aucun de ses bienfaits ! ℟

Car il pardonne toutes tes offenses
et te guérit de toute maladie ;
il réclame ta vie à la tombe
et te couronne d'amour et de tendresse. ℟

Le Seigneur fait œuvre de justice,
il défend le droit des opprimés.
Il révèle ses desseins à Moïse,
aux enfants d'Israël ses hauts faits. ℟

Acclamation de l'Évangile

Alléluia. Alléluia. Tu es béni, Père, Seigneur du ciel et de la terre, tu as révélé aux tout-petits les mystères du Royaume ! ***Alléluia.***

Évangile de Jésus Christ

selon saint Matthieu (11, 25-27)

« Ce que tu as caché aux sages et aux savants, tu l'as révélé aux tout-petits »

En ce temps-là, Jésus prit la parole et dit : « Père, Seigneur du ciel et de la terre, je proclame ta louange : ce que tu as caché aux sages et aux savants, tu l'as révélé aux tout-petits. Oui, Père, tu l'as voulu ainsi dans ta bienveillance. Tout m'a été remis par mon Père ; personne ne connaît le Fils, sinon le Père, et personne ne connaît le Père, sinon le Fils, et celui à qui le Fils veut le révéler. »

Prière sur les offrandes

Seigneur Dieu, source de la piété véritable et de la paix, nous t'en prions, accorde-nous d'honorer dignement ta gloire par cette offrande ; que, dans la participation fidèle aux saints mystères, nous prenions davantage conscience de notre unité. Par le Christ, notre Seigneur. — ***Amen.***

Antienne de la communion

Comme un cerf altéré cherche
la source des eaux, ainsi mon âme
te désire, toi, mon Dieu.
Mon âme a soif de Dieu,
le Dieu vivant et fort.
(cf. Ps 41, 2-3)

OU
Je suis la lumière du monde,
dit le Seigneur.
Celui qui me suit ne marchera
pas dans les ténèbres,
il aura la lumière de la vie.
(Jn 8, 12)

Prière après la communion

Par ta parole, Seigneur, et par le sacrement du ciel, tu nourris tes fidèles et tu les fais vivre : accorde-nous de si bien profiter de tels dons que nous soyons associés pour toujours à la vie de ton Fils bien-aimé. Lui qui… **— *Amen.***

INVITATION

En cette fête de la bienheureuse Vierge Marie du Mont Carmel,
je peux confier au Seigneur la famille carmélitaine.

COMMENTAIRE

Lieu de l'inédit de Dieu

Exode 3, 1-6.9-12

C'est au désert que Dieu se révèle à Moïse comme celui qui entend le cri des siens. Un désert géographique certes, mais aussi ce désert qu'est l'exil, l'éloignement de son peuple, le dépouillement de sa condition de privilégié à la cour de Pharaon. Une invitation à jeter un autre regard sur les situations qui nous appauvrissent humainement pour les envisager comme un lieu potentiel de renouvellement et de disponibilité, comme un lieu où l'inédit de Dieu peut se manifester. ■

***Emmanuelle Billoteau,** ermite*

Bse Vierge Marie du Mont Carmel

Couleur liturgique : blanc

Le Carmel, montagne de Palestine, a été un haut lieu de prière depuis les temps anciens. Les Carmes y ont bâti un monastère dédié à la Vierge Marie, qui a mené à Nazareth une vie de travail et de contemplation.

Antienne d'ouverture

Nous te saluons, Mère très sainte :
tu as mis au monde le Roi
qui gouverne le ciel et la terre
pour les siècles sans fin. (Sedulius)

Prière

Que l'admirable intercession de la glorieuse Vierge Marie vienne à notre aide, Seigneur, nous t'en prions : accorde-nous, par sa protection, de parvenir à la montagne, qui est le Christ. Lui qui… **– Amen.**

Prière sur les offrandes

Dans son amour pour l'humanité, que ton Fils unique vienne à notre secours, Seigneur ; sa naissance n'a pas altéré mais consacré l'intégrité virginale de sa mère ; qu'il nous délivre de nos péchés et te rende agréable cette offrande. Lui qui… **– Amen.**

Préface de la Vierge Marie p. 223.

Antienne de la communion

Heureuse la Vierge Marie, qui a porté dans son sein le Fils du Père éternel. (Cf. Lc 11, 27)

Prière après la communion

En communiant aux sacrements du ciel, nous implorons ta bonté, Seigneur : puisque nous avons la joie de faire mémoire de la bienheureuse Vierge Marie, rends-nous capables de nous mettre, à son imitation, au service du mystère de notre rédemption. Par le Christ, notre Seigneur. **– Amen.**

JEUDI 17 JUILLET 2025

15^E^ SEMAINE DU TEMPS ORDINAIRE COULEUR LITURGIQUE : VERT

Temps ordinaire, *suggestion d'oraisons et d'antiennes n° 24*

Antienne d'ouverture

Donne la paix, Seigneur, à ceux qui t'attendent ;
que tes prophètes soient reconnus dignes de foi.
Écoute les prières de ton serviteur, et de ton peuple Israël.
(cf. Si 36, 21-22)

Prière

Dieu créateur et maître de tout, pose sur nous ton regard, et pour que nous ressentions l'effet de ton pardon, accorde-nous de te servir avec un cœur sans partage. Par Jésus… ***— Amen.***

13 - 19

Lecture

du livre de l'Exode (3, 13-20)

« Celui qui m'a envoyé vers vous, c'est : Je-suis »

En ces jours-là, Moïse avait entendu la voix du Seigneur depuis le buisson. Il répondit à Dieu : « J'irai donc trouver les fils d'Israël, et je leur dirai : "Le Dieu de vos pères m'a envoyé vers vous." Ils vont me demander quel est son nom ; que leur répondrai-je ? » Dieu dit à Moïse : « Je suis qui je suis. Tu parleras ainsi aux fils d'Israël : "Celui qui m'a envoyé vers vous, c'est : Je-suis." » Dieu dit encore à Moïse : « Tu parleras ainsi aux fils d'Israël :

“Celui qui m’a envoyé vers vous, c’est Le Seigneur, le Dieu de vos pères, le Dieu d’Abraham, le Dieu d’Isaac, le Dieu de Jacob.” C’est là mon nom pour toujours, c’est par lui que vous ferez mémoire de moi, d’âge en d’âge. Va, rassemble les anciens d’Israël. Tu leur diras : “Le Seigneur, le Dieu de vos pères, le Dieu d’Abraham, d’Isaac et de Jacob, m’est apparu. Il m’a dit : Je vous ai visités et ainsi j’ai vu comment on vous traite en Égypte. J’ai dit : Je vous ferai monter* de la misère qui vous accable en Égypte vers le pays du Cananéen, du Hittite, de l’Amorite, du Perizzite, du Hivvite et du Jébuséen, le pays ruisselant de lait et de miel.” Ils écouteront ta voix ; alors tu iras, avec les anciens d’Israël, auprès du roi d’Égypte, et vous lui direz : “Le Seigneur, le Dieu des Hébreux, est venu nous trouver. Et maintenant, laisse-nous aller dans le désert, à trois jours de marche, pour y offrir un sacrifice au Seigneur notre Dieu.” Or, je sais, moi, que le roi d’Égypte ne vous laissera pas partir s’il n’y est pas forcé. Aussi j’étendrai la main, je frapperai l’Égypte par toutes sortes de prodiges que j’accomplirai au milieu d’elle. Après cela, il vous permettra de partir. » – Parole du Seigneur.

Psaume 104 (105)

℟ ***Le Seigneur s’est toujours souvenu de son alliance.***
ou ***Alléluia !***

Rendez grâce au Seigneur,
proclamez son nom,
annoncez parmi les peuples ses hauts faits ;
souvenez-vous des merveilles qu’il a faites,
de ses prodiges,
des jugements qu’il prononça. ℟

Il s'est toujours souvenu de son alliance,
parole édictée pour mille générations :
promesse faite à Abraham,
garantie par serment à Isaac. ℟

Dieu rend son peuple nombreux
et plus puissant que tous ses adversaires ;
ceux-là, il les fait se raviser,
haïr son peuple et tromper ses serviteurs. ℟

Mais il envoie son serviteur, Moïse,
avec un homme de son choix, Aaron,
pour annoncer des signes prodigieux,
des miracles au pays de Cham. ℟

Acclamation de l'Évangile

Alléluia. Alléluia. Venez à moi, vous tous qui peinez sous le poids du fardeau, dit le Seigneur, et moi, je vous procurerai le repos. ***Alléluia.***

Évangile de Jésus Christ

selon saint Matthieu (11, 28-30)

« Je suis doux et humble de cœur »

En ce temps-là, Jésus prit la parole et dit : « Venez à moi, vous tous qui peinez sous le poids du fardeau, et moi, je vous procurerai le repos. Prenez sur vous mon joug, devenez mes disciples, car je suis doux et humble de cœur, et vous trouverez le repos pour votre âme. Oui, mon joug est facile à porter, et mon fardeau, léger. »

Prière sur les offrandes

Sois favorable à nos supplications, Seigneur, et dans ta bonté accueille les offrandes de ceux qui te servent : que les dons offerts par chacun en l'honneur de ton nom soient utiles au salut de tous. Par le Christ, notre Seigneur. — ***Amen.***

Antienne de la communion

Qu'elle est précieuse, ta miséricorde,
ô mon Dieu ! Les hommes trouvent
refuge à l'ombre de tes ailes.
(cf. Ps 35, 8)

OU

La coupe de bénédiction
que nous bénissons est communion
au sang du Christ. Le pain
que nous rompons est participation
au corps du Seigneur. (cf. 1 Co 10, 16)

Prière après la communion

Que la force agissante de ce don divin, nous t'en prions, Seigneur, saisisse nos esprits et nos corps, afin que son influence, et non pas notre sentiment, prédomine toujours en nous. Par le Christ, notre Seigneur. — ***Amen.***

INVITATION

Je propose mon soutien à une personne autour de moi dont je sais le fardeau lourd à porter.

COMMENTAIRE

La vigilance de l'inattendu

Exode 3, 13-20

Dieu se révèle comme – littéralement – « Je serai qui je serai », autrement dit : « tel que je me révélerai à vous ». Ce qui incite à la vigilance, à la différence d'un prétendu savoir qui nous fait passer à côté de ses visites. Le peuple d'Israël n'est-il pas appelé à se laisser surprendre, déloger de ses certitudes, conduire jusqu'à la montagne du Sinaï où Dieu lui donnera de quoi parfaire sa libération dans le respect d'autrui et le combat contre toute forme d'idolâtrie ? ■

***Emmanuelle Billoteau**, ermite*

✲ CLÉ DE LECTURE

« Je vous ferai monter »

Exode 3, 17 *(p. 118)*

Au verset 14, une traduction plus précise de l'hébreu donnerait : « je serai qui je seraï », *car* Dieu est à la fois le Tout-Autre, l'impénétrable, comme l'indique la formule circulaire, mais aussi celui qui ne cesse de venir vers son peuple, vers une humanité misérable qu'il accompagne dans l'histoire. Il est un « Dieu avec nous » ! Un verbe attire alors l'attention : « je vous ferai monter », une des expressions majeures de la sortie de l'esclavage et de l'oppression ; et le terme est employé aujourd'hui pour le retour des juifs vers Israël. D'autres textes disent : « je vous ferai sortir ». Une sortie, un exode, mais aussi une montée vers celui qui toujours nous attend. Les chrétiens comprennent : vers celui qui est monté sur la Croix et vers le Père. ■

***Roselyne Dupont-Roc**, bibliste*

VENDREDI 18 JUILLET 2025

15E SEMAINE DU TEMPS ORDINAIRE COULEUR LITURGIQUE : VERT

Temps ordinaire, *suggestion d'oraisons et d'antiennes n° 25*

Antienne d'ouverture

Je suis le salut de mon peuple, dit le Seigneur, dans toutes les épreuves, s'il crie vers moi, je l'exaucerai ; je serai son Seigneur pour toujours.

Prière

Seigneur Dieu, tu as voulu que toute la loi de sainteté consiste à t'aimer et à aimer son prochain : donne-nous de garder tes commandements, et de parvenir ainsi à la vie éternelle. Par Jésus… — ***Amen.***

Lecture

du livre de l'Exode (11, 10 – 12, 14)

« On immolera l'agneau au coucher du soleil. Je verrai le sang, et je passerai »

En ces jours-là, Moïse et Aaron avaient accompli toutes sortes de prodiges devant Pharaon ; mais le Seigneur avait fait en sorte que Pharaon s'obstine ; et celui-ci ne laissa pas les fils d'Israël sortir de son pays. Dans le pays d'Égypte, le Seigneur dit à Moïse et à son frère Aaron : « Ce mois-ci sera pour vous le premier des mois, il marquera pour vous le commencement de l'année. Parlez ainsi à toute la communauté d'Israël : le dix de ce mois, que l'on prenne un agneau

par famille, un agneau par maison. Si la maisonnée est trop peu nombreuse pour un agneau, elle le prendra avec son voisin le plus proche, selon le nombre des personnes. Vous choisirez l'agneau d'après ce que chacun peut manger. Ce sera une bête sans défaut, un mâle, de l'année. Vous prendrez un agneau ou un chevreau. Vous le garderez jusqu'au quatorzième jour du mois. Dans toute l'assemblée de la communauté d'Israël, on l'immolera au coucher du soleil. On prendra du sang, que l'on mettra sur les deux montants et sur le linteau des maisons où on le mangera. On mangera sa chair cette nuit-là, on la mangera rôtie au feu, avec des pains sans levain et des herbes amères. Vous n'en mangerez aucun morceau qui soit à moitié cuit ou qui soit bouilli ; tout sera rôti au feu, y compris la tête, les jarrets et les entrailles. Vous n'en garderez rien pour le lendemain ; ce qui resterait pour le lendemain, vous le détruirez en le brûlant. Vous mangerez ainsi : la ceinture aux reins, les sandales aux pieds, le bâton à la main. Vous mangerez en toute hâte : c'est la Pâque du Seigneur. Je traverserai le pays d'Égypte, cette nuit-là ; je frapperai tout premier-né au pays d'Égypte, depuis les hommes jusqu'au bétail. Contre tous les dieux de l'Égypte j'exercerai mes jugements : Je suis le Seigneur. Le sang sera pour vous un signe, sur les maisons où vous serez. Je verrai le sang, et je passerai : vous ne serez pas atteints par le fléau dont je frapperai le pays d'Égypte. Ce jour-là sera pour vous un mémorial. Vous en ferez pour le Seigneur une fête de pèlerinage. C'est un décret perpétuel : d'âge en âge vous la fêterez. »

– Parole du Seigneur.

Psaume 115 (116B)

℟ ***J'élèverai la coupe du salut, j'invoquerai le nom du Seigneur.***

OU ***Alléluia !***

Comment rendrai-je au Seigneur
tout le bien qu'il m'a fait ?
J'élèverai la coupe du salut,
j'invoquerai le nom du Seigneur. ℟

Il en coûte au Seigneur
de voir mourir les siens !

Ne suis-je pas, Seigneur, ton serviteur,
moi, dont tu brisas les chaînes ? ℟

Je t'offrirai le sacrifice d'action de grâce,
j'invoquerai le nom du Seigneur.
Je tiendrai mes promesses au Seigneur,
oui, devant tout son peuple. ℟

Acclamation de l'Évangile

Alléluia. Alléluia. Mes brebis écoutent ma voix, dit le Seigneur ; moi, je les connais, et elles me suivent. ***Alléluia.***

Évangile de Jésus Christ

selon saint Matthieu (12, 1-8)

« Le Fils de l'homme est maître du sabbat »

En *ce temps-là, un jour de sabbat,* Jésus vint à passer à travers les champs de blé ; ses disciples eurent faim et ils se mirent à arracher des épis et à les manger. Voyant cela, les pharisiens lui dirent : « Voilà que tes disciples font ce qu'il n'est pas permis de faire le jour du sabbat ! » Mais il leur dit : « N'avez-vous pas lu ce que fit David, quand il eut faim, lui et ceux qui l'accompagnaient ? Il entra dans la maison de Dieu, et ils mangèrent les pains de l'offrande ; or, ni lui ni les autres n'avaient le droit d'en manger, mais seulement les prêtres. Ou bien encore, n'avez-vous pas lu dans la Loi que le jour du sabbat, les prêtres, dans le Temple, manquent au repos du sabbat sans commettre de faute ? Or, je vous le dis : il y a ici plus grand que le Temple. Si vous aviez compris ce que signifie : Je veux la miséricorde, non le sacrifice, vous n'auriez pas condamné ceux qui n'ont pas commis de faute. En effet, le Fils de l'homme est maître du sabbat. »

Prière sur les offrandes

Reçois favorablement, nous t'en prions, Seigneur, les dons présentés par ton peuple : que tous obtiennent par tes sacrements ce qu'ils proclament dans la ferveur de la foi. Par le Christ, notre Seigneur. – ***Amen.***

Antienne de la communion

Toi, tu promulgues des préceptes
à observer entièrement.
Puissent mes voies s'affermir
à observer tes commandements !
(Ps 118, 4-5)

OU

Je suis le bon pasteur,
dit le Seigneur,
je connais mes brebis,
et mes brebis me connaissent.
(Jn 10, 14)

Prière après la communion

Dans ta bonté, Seigneur, fais que ton aide soutienne toujours ceux que tu as nourris de tes sacrements, afin qu'ils puissent, dans ces mystères et par toute leur vie, recueillir les fruits de la rédemption. Par le Christ, notre Seigneur. — ***Amen.***

INVITATION

En cette journée estivale, j'ouvre les yeux pour m'émerveiller de la Création et chanter les merveilles de Dieu.

COMMENTAIRE

La tenue du voyageur

Exode 11, 10 – 12, 14

Le rite de la Pâque reprend des éléments anciens pour leur donner un sens nouveau : mémorial de la libération d'Égypte, anticipation de la Pâque du Christ et figure de *toutes les libérations que Dieu veut* accomplir dans nos vies. Il s'agit de célébrer ce rite « ceinture aux reins », « sandales aux pieds », « bâton à la main », c'est-à-dire dans la tenue du voyageur, de celui qui ne s'attache pas au lieu de sa pérégrination car tendu vers la terre promise. Une condition qui est aussi la nôtre. ■

***Emmanuelle Billoteau**, ermite*

SAMEDI 19 JUILLET 2025

15ᴱ SEMAINE DU TEMPS ORDINAIRE COULEUR LITURGIQUE : VERT

Temps ordinaire, *suggestion d'oraisons et d'antiennes n° 26*
ou **bienheureuse Vierge Marie,** *voir p. 38*

Antienne d'ouverture

Tout ce que tu nous as infligé, Seigneur, tu l'as fait par un jugement de vérité, car nous avons péché contre toi, nous n'avons pas obéi à tes commandements ; mais glorifie ton nom, et agis envers nous selon l'abondance de ta miséricorde. (cf. Dn 3, 31.29.30.43.42)

Prière

Seigneur Dieu, quand tu pardonnes et prends pitié, tu manifestes au plus haut point ta toute-puissance ; multiplie pour nous les dons de ta grâce : alors, en nous hâtant vers les biens que tu promets, nous aurons part au bonheur du ciel. Par Jésus… — ***Amen.***

Lecture

du livre de l'Exode (12, 37-42)

« Ce fut une nuit de veille pour le Seigneur, quand il fit sortir d'Égypte les fils d'Israël »

En ces jours-là, les fils d'Israël partirent de la ville de Ramsès en direction de Souccoth, au nombre d'environ six cent mille sans compter les enfants. Une multitude disparate les accompagnait, ainsi qu'un immense troupeau de moutons et de bœufs. Ils firent cuire des galettes sans levain avec la pâte qu'ils avaient emportée d'Égypte et qui n'avait pas

levé ; en effet, ils avaient été chassés d'Égypte sans avoir eu le temps de faire des provisions. Le séjour des fils d'Israël en Égypte avait duré quatre cent trente ans. Et c'est au bout de quatre cent trente ans, c'est en ce jour même que toutes les armées du Seigneur sortirent du pays d'Égypte. Ce fut une nuit de veille pour le Seigneur, quand il fit sortir d'Égypte les fils d'Israël ; ce doit être pour eux, de génération en génération, une nuit de veille* en l'honneur du Seigneur.
– Parole du Seigneur.

Psaume 135 (136)

℟ ***Éternel est son amour !***
ou ***Alléluia !***

Rendez grâce au Seigneur : il est bon,
℟ éternel est son amour !
il se souvient de nous, les humiliés,
℟ éternel est son amour !

Il nous tira de la main des oppresseurs,
℟ éternel est son amour !
lui qui frappa les Égyptiens dans leurs aînés,
℟ éternel est son amour !
et fit sortir Israël de leur pays,
℟ éternel est son amour !
d'une main forte et d'un bras vigoureux,
℟ éternel est son amour !

Lui qui fendit la mer Rouge en deux parts,
℟ éternel est son amour !
et fit passer Israël en son milieu,
℟ éternel est son amour !
y rejetant Pharaon et ses armées,
℟ éternel est son amour !

Acclamation de l'Évangile

Alléluia. Alléluia. Dans le Christ, Dieu réconciliait le monde avec lui : il a mis dans notre bouche la parole de la réconciliation. ***Alléluia.***

Évangile de Jésus Christ

selon saint Matthieu (12, 14-21)

« Il leur défendit vivement de parler de lui. Ainsi devait s'accomplir la parole prononcée par Isaïe »

En ce temps-là, une fois sortis de la synagogue, les pharisiens se réunirent en conseil contre Jésus pour voir comment le faire périr. Jésus, l'ayant appris, se retira de là; beaucoup de gens le suivirent, et il les guérit tous. Mais il leur défendit vivement de parler de lui. Ainsi devait s'accomplir la parole prononcée par le prophète Isaïe : *Voici mon serviteur que j'ai choisi, mon bien-aimé en qui je trouve mon bonheur. Je ferai reposer sur lui mon Esprit, aux nations il fera connaître le jugement. Il ne cherchera pas querelle, il ne criera pas, on n'entendra pas sa voix sur les places publiques. Il n'écrasera pas le roseau froissé, il n'éteindra pas la mèche qui faiblit, jusqu'à ce qu'il ait fait triompher le jugement. Les nations mettront en son nom leur espérance.*

Prière sur les offrandes

Dieu de miséricorde, nous t'en prions, accueille cette offrande que nous te présentons : qu'elle ouvre largement pour nous la source de toute bénédiction. Par le Christ, notre Seigneur. ***— Amen.***

Antienne de la communion

Rappelle-toi ta parole à ton serviteur,
Seigneur, celle dont tu fis mon espoir.
Elle est ma consolation
dans mon épreuve.

(Ps 118, 49-50)

OU

Voici comment nous avons reconnu l'amour : lui, Jésus, a donné sa vie pour nous. Nous aussi, nous devons donner notre vie pour nos frères.

(1 Jn 3, 16)

Prière après la communion

Que le sacrement du ciel, Seigneur, guérisse nos esprits et nos corps, afin qu'annonçant la mort du Christ et participant à ses souffrances, nous héritions avec lui de sa gloire. Lui qui…

— Amen.

INVITATION

Je me confie à Marie, ainsi que tous ceux qui m'entourent en ce jour.
Et je récite un Je vous salue Marie.

COMMENTAIRE

Après-coup

Exode 12, 37-42

Que la nuit de la sortie d'Égypte soit une nuit de veille pour Israël va de soi. Mais n'oublions pas qu'elle le fut d'abord pour le Seigneur. Voilà qui fait écho au psaume : « Non il ne dort pas, ne sommeille pas, le gardien d'Israël. Le Seigneur, ton gardien, le Seigneur, ton ombrage, se tient près de toi » (Ps 120 [121], 4-5). Une conviction à accueillir dans une foi qui se nourrit de l'expérience passée, sachant que, comme Jacob (cf. Gn 28, 16), nous ne décelons le plus souvent la présence de Dieu que dans l'après-coup. ■

Emmanuelle Billoteau, ermite

CLÉ DE LECTURE

« Une nuit de veille »

Exode 12, 42 *(p. 128)*

Pour la tradition juive, déjà présente dans le Targum de l'Exode (vers 150 ap. J.-C.), cette nuit qui commémore la libération de l'esclavage s'inscrit dans une série de quatre nuits mémorables. La première est celle où le Seigneur a créé le monde par sa Parole. La deuxième celle où Abraham offrit son fils Isaac et celui-ci fut sauvé. La troisième celle de la Pâque où Dieu libéra Israël, son « premier-né ». La quatrième nuit sera celle de la fin des temps. On attendait alors la venue de Moïse et celle du roi Messie descendu du ciel, escortant la parole du Seigneur. Pour les chrétiens cette dernière nuit est celle de la Pâque de Jésus, le Christ, parole de Dieu, venu libérer tous les humains du mal et de la mort et faire surgir une Création nouvelle. ■

Roselyne Dupont-Roc, bibliste

DIMANCHE 20 JUILLET 2025

16E DIMANCHE DU TEMPS ORDINAIRE

ANNÉE C – COULEUR LITURGIQUE : VERT

« Marie a choisi la meilleure part. »
Luc 10, 42

Marthe ou Marie, faut-il choisir ? Jésus dit clairement quel est l'unique nécessaire, quelle est « la meilleure part ». S'il donne la priorité à l'écoute de la Parole, ce n'est pas pour démobiliser notre charité. C'est pour montrer que le service s'enracine dans la Parole et que celle-ci doit s'incarner dans le service. Jour après jour, devenons des serviteurs à l'écoute de la Parole.

RITES INITIAUX

Chant d'entrée *(Suggestions p. 243)*

OU

Antienne d'ouverture

Voici que Dieu vient à mon aide, le Seigneur est le soutien de mon âme. De grand cœur, je t'offrirai le sacrifice, je confesserai ton nom, car il est bon ! (cf. Ps 53, 6.8)

Suggestion de préparation pénitentielle *(ou p. 214)*

Nous croyons en la Parole mais ne la mettons pas toujours en pratique. Avec foi, demandons pardon au Seigneur pour nos péchés.

Toi qui nous aides à conformer nos vies à ta parole, prends pitié de nous, Seigneur.

— Nous avons péché contre toi.

Toi qui nous révèles l'unique nécessaire à notre joie, montre-nous, Seigneur, ta miséricorde.

— Et donne-nous ton salut.

Que Dieu tout-puissant nous fasse miséricorde ; qu'il nous pardonne nos péchés et nous conduise à la vie éternelle. ***— Amen.***

Ensuite on chante ou on dit le Kyrie, p. 215.

Gloire à Dieu *(p. 216)*

Prière
Sois favorable à tes fidèles, Seigneur, et, dans ta bonté, multiplie pour eux les dons de ta grâce, afin que, brûlant de charité, de foi et d'espérance, ils soient toujours vigilants pour garder tes commandements. Par Jésus… — ***Amen.***

LITURGIE DE LA PAROLE

Lecture du livre de la Genèse (18, 1-10a)

« Mon seigneur, ne passe pas sans t'arrêter près de ton serviteur »

En ces jours-là, aux chênes de Mambré, le Seigneur apparut à Abraham, qui était assis à l'entrée de la tente. C'était l'heure la plus chaude du jour. Abraham leva les yeux, et il vit trois hommes qui se tenaient debout près de lui. Dès qu'il les vit, il courut à leur rencontre depuis l'entrée de la tente et se prosterna jusqu'à terre. Il dit : « Mon seigneur, si j'ai pu trouver grâce à tes yeux, ne passe pas sans t'arrêter près de ton serviteur. Permettez que l'on vous apporte un peu d'eau, vous vous laverez les pieds, et vous vous étendrez sous cet arbre. Je vais chercher de quoi manger, et vous reprendrez des forces avant d'aller plus loin, puisque vous êtes passés près de votre serviteur ! » Ils répondirent : « Fais comme tu l'as dit. » Abraham se hâta d'aller trouver Sara dans sa tente, et il dit : « Prends vite trois grandes mesures de fleur de farine, pétris la pâte et fais des galettes. » Puis Abraham courut au troupeau, il prit

un veau gras et tendre, et le donna à un serviteur, qui se hâta de le préparer. Il prit du fromage blanc, du lait, le veau que l'on avait apprêté, et les déposa devant eux ; il se tenait debout près d'eux, sous l'arbre, pendant qu'ils mangeaient. Ils lui demandèrent : « Où est Sara, ta femme ? » Il répondit : « Elle est à l'intérieur de la tente. » Le voyageur reprit : « Je reviendrai chez toi au temps fixé pour la naissance, et à ce moment-là, Sara, ta femme, aura un fils. »
– Parole du Seigneur.

Psaume 14 (15)

℟ ***Seigneur, qui séjournera sous ta tente ?***

T. : AELF; M. : B. Delattre; Éd. : ADF.

Celui qui se conduit parfaitement,
qui agit avec justice
et dit la vérité selon son cœur.
Il met un frein à sa langue. ℟

Il ne fait pas de tort à son frère
et n'outrage pas son prochain.
À ses yeux, le réprouvé est méprisable
mais il honore les fidèles du Seigneur. ℟

Écoutez ce psaume sur
www.prionseneglise.fr/
messe-du-dimanche

Il ne reprend pas sa parole.
Il prête son argent sans intérêt,
n'accepte rien qui nuise à l'innocent.
Qui fait ainsi demeure inébranlable. ℟

Lecture de la lettre de saint Paul apôtre aux Colossiens (1, 24-28)

« Le mystère qui était caché depuis toujours
mais qui maintenant a été manifesté »

Frères, maintenant je trouve la joie dans les souffrances que je supporte pour vous; ce qui reste à souffrir des épreuves du Christ dans ma propre chair, je l'accomplis pour son corps qui est l'Église. De cette Église, je suis devenu ministre, et la mission que Dieu m'a confiée, c'est de mener à bien pour vous l'annonce de sa parole, le mystère qui était caché depuis toujours à toutes les générations, mais qui maintenant a été manifesté à ceux qu'il a sanctifiés. Car Dieu a bien voulu leur faire connaître en quoi consiste la gloire sans prix de ce mystère parmi toutes les nations : le Christ est parmi vous, lui, l'espérance de la gloire ! Ce Christ, nous l'annonçons : nous avertissons tout homme, nous instruisons chacun en toute sagesse, afin de l'amener à sa perfection dans le Christ. – Parole du Seigneur.

Acclamation de l'Évangile

Alléluia. Alléluia. Heureux ceux qui ont entendu la Parole dans un cœur bon et généreux, qui la retiennent et portent du fruit par leur persévérance. ***Alléluia.***

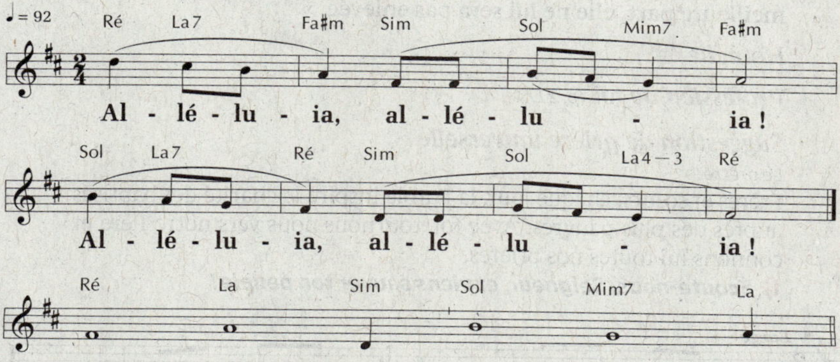

T. : AELF; M. : P. Robert.

Évangile de Jésus Christ selon saint Luc (10, 38-42)

« Marthe le reçut. Marie a choisi la meilleure part »

En ce temps-là, Jésus entra dans un village. Une femme nommée Marthe le reçut. Elle avait une sœur appelée Marie qui, s'étant assise aux pieds du Seigneur, écoutait sa parole. Quant à Marthe, elle était accaparée par les multiples occupations du service. Elle

intervint et dit : « Seigneur, cela ne te fait rien que ma sœur m'ait laissé faire seule le service ? Dis-lui donc de m'aider. » Le Seigneur lui répondit : « Marthe, Marthe, tu te donnes du souci et tu t'agites pour bien des choses. Une seule est nécessaire. Marie a choisi la meilleure part, elle ne lui sera pas enlevée. »

Homélie

Profession de foi *(p. 217)*

Suggestion de prière universelle

Le prêtre :

Frères et sœurs, chaque jour, la Parole inspire la charité des baptisés auprès des plus pauvres. Avec foi, tournons-nous vers notre Père et confions-lui toutes nos prières.

℟ ***Écoute-nous, Seigneur, et viens sauver ton peuple !***

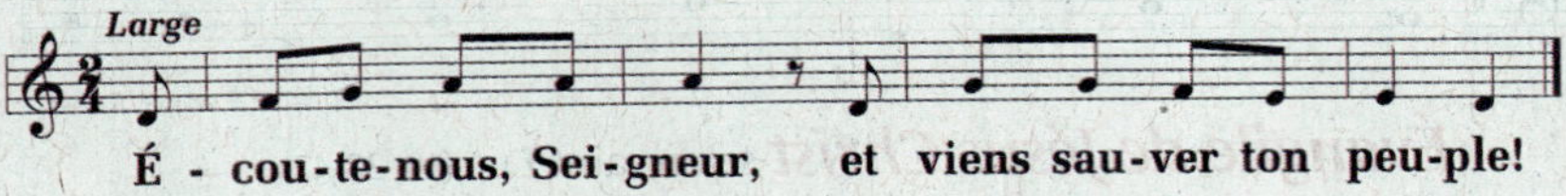

MNA n° 31.34

Le diacre ou un lecteur :

L'Église a pour mission de transmettre la Parole à tous les hommes, même les plus éloignés. Pour qu'elle enracine sa fidélité dans la méditation de l'Évangile, Dieu, nous te prions. ℟

Les dirigeants des grandes nations doivent sans cesse dialoguer pour mieux répondre aux exigences d'un monde complexe. Pour que les migrants soient respectés et accompagnés, Dieu, nous te prions. ℟

Au cours de l'été, les domaines de l'accueil, de l'hospitalité et de la sécurité font appel à de nombreux saisonniers. Pour que ces travailleurs aient la reconnaissance qu'ils méritent, Dieu, nous te prions. ℟

Enfants de Dieu, nous devons agir avec justice et vérité. Pour que nous soyons attentifs et accueillants envers les personnes de passage, Dieu, nous te prions. ℟

(Ces intentions seront adaptées ou modifiées selon les circonstances. On peut aussi s'inspirer de l'intention universelle du Saint-Père, p.6.)

Le prêtre :

Tu nous reçois en ta maison, Seigneur, et nous te confions tous ceux qui ont besoin de tendresse et d'amour. Daigne exaucer nos prières. Par le Christ, notre Seigneur. — ***Amen.***

LITURGIE EUCHARISTIQUE

Prière sur les offrandes

Seigneur Dieu, dans le sacrifice unique et parfait de ton Fils, tu as porté à leur achèvement les multiples sacrifices de l'ancienne Loi ; reçois maintenant le sacrifice offert par tes fidèles serviteurs et sanctifie-le comme tu as béni les présents d'Abel : que les dons offerts par chacun pour honorer ta gloire servent au salut de tous. Par le Christ, notre Seigneur. **— *Amen.***

Prière eucharistique *(Préface des dimanches, p. 221)*

Chant de communion *(Suggestions p. 243)*

OU

Antienne de la communion

Le Seigneur est tendresse et pitié ; de ses merveilles il a laissé un mémorial. Il a donné des vivres à ceux qui le craignent. (cf. Ps 110, 4-5)

OU

Voici que je me tiens à la porte, et je frappe, dit le Seigneur.
Si quelqu'un entend ma voix et ouvre la porte, j'entrerai chez lui ;
je prendrai mon repas avec lui, et lui avec moi. (Ap 3, 20)

Prière après la communion

Dans ta bienveillance, reste auprès de ton peuple, nous t'en prions, Seigneur ; puisque tu l'as initié aux sacrements du ciel, fais-le passer de ce qui est ancien à la vie nouvelle. Par le Christ, notre Seigneur.
— *Amen.*

RITE DE CONCLUSION

Bénédiction et envoi

COMMENTAIRE DU DIMANCHE

Jonathan Guilbault, directeur éditorial de *Prions en Église* Canada

Vigilance et spontanéité

On pourrait croire, à imaginer Abraham « assis à l'entrée de sa tente [...] à l'heure la plus chaude du jour », qu'il somnole doucement, alangui dans de vagues rêveries. Le texte biblique réfute rapidement cette image. Dès qu'il relève les yeux, Abraham reconnaît le Seigneur dans les trois hommes qui lui sont apparus et réagit de la manière la plus appropriée possible en lui disant, en somme : « Reste avec moi ! » La spontanéité d'Abraham provient donc du fait qu'il était en état de veille, au sens le plus actif du terme : il guettait. Autrement dit, il priait.

La Bible est remplie de ces personnages qui agissent promptement, sans hésitation, lorsqu'ils perçoivent que Dieu leur rend visite. Un autre exemple est celui de Matthieu, qui quitte tout dès que Jésus lui dit : « Suis-moi. » On peut avoir l'impression •••

••• que ces passages manquent de vraisemblance. Pourtant, la « sainte spontanéité » qu'ils dépeignent, pleine de joie et d'assurance, est bel et bien l'un des fruits d'une disposition intérieure d'écoute spirituelle.
Nous en avons un exemple parfait avec Marie, la sœur de Marthe. Bien que cette dernière soit occupée à un service utile, elle n'a pas saisi aussi bien que Marie ce que l'instant exigeait : le Seigneur est là, écoutons-le.
Puisque Dieu, par respect pour notre liberté, ne fait jamais irruption dans notre vie avec tambour et trompette, le silence nous est nécessaire pour le reconnaître – et plus encore pour être prêts à le suivre prestement, au moindre de ses signes.

~

Quand ai-je eu, pour la dernière fois, le sentiment net d'être visité par Dieu dans ma vie ?

Est-ce que je me ménage des temps de silence, en marge de mon affairement quotidien ? ■

CE QUE JE DÉCOUVRE

Jésus rend visite à deux amies. Tandis que **Marthe s'agite, Marie s'assoit aux pieds de Jésus pour l'écouter.** Et nous ? Nous avons toujours beaucoup à faire. Il y a l'école, le sport, la musique, les jeux vidéo... Alors, Jésus dit à chacun : « Ne m'oublie pas ! » Il dit aussi à Marthe : « Merci pour tout ce que tu fais. Mais est-ce le bon moment ? » L'attitude de Marie nous rappelle que **la seule chose nécessaire, c'est de prendre du temps avec Jésus,** qui aime s'asseoir avec nous dans la prière. Il nous donne sa force pour que nous vivions pleinement nos activités.

CE QUE JE VIS

Comment prépares-tu la visite d'un ami ? Pour qui (ou pour quoi) t'agites-tu ? Sais-tu parfois « t'arrêter » ? Passes-tu du temps avec Jésus ? **Devant une croix, dis à Jésus : « Moi aussi, je m'assois à tes pieds. » Et parle-lui encore.**

Texte : Cédric Kuntz. Illustrations : Marcelino Truong

MÉDITATION BIBLIQUE
16E DIMANCHE DU TEMPS ORDINAIRE
Psaume 14 (15)

« Qui séjournera sous ta tente ? »

Dans la liturgie de ce dimanche, le psaume fait écho à l'accueil de trois hommes aux chênes de Mambré, juste après la conclusion de l'Alliance. Il ne s'agit plus d'accueillir, mais d'être accueilli par le Seigneur.

Le temps de la préparation

« De quel amour sont aimées tes demeures, Seigneur, Dieu de l'univers ! » (Ps 83, 1)

Le temps de l'observation

Ce psaume pourrait renvoyer à la pratique du pèlerinage qui conduisait jusqu'au seuil du Temple de Jérusalem et porter la trace d'un dialogue entre le pèlerin et le prêtre. En son entier, il s'ouvre avec deux questions : « Seigneur qui séjournera sous ta tente ? Qui habitera ta sainte montagne ? » Celles-ci vont bien au-delà du fait matériel de franchir ou non la porte du sanctuaire. L'enjeu est de se tenir en présence de Dieu, de se rapprocher de lui, de recevoir ses bénédictions, de lui être « uni ». Ces questions font écho à une quête qui traverse tout le psautier : « Mon âme a soif de Dieu, le Dieu vivant; quand pourrai-je m'avancer, paraître face à Dieu ? » (Ps 41, 3); « J'ai demandé une chose au Seigneur, la seule que je cherche : habiter la maison du Seigneur [...] C'est ta face, Seigneur que je cherche » (Ps 26, 4.9). La réponse renvoie à une façon de vivre qui conditionne la proximité avec le Seigneur et la stabilité du pèlerin : « Qui fait ainsi demeure inébranlable. »

Le temps de la méditation

La sainte demeure de Dieu est avant tout notre cœur, sur lequel il convient de veiller car « c'est de lui que jaillit la vie » (Pr 4, 23). Certaines attitudes nous empêchent d'y demeurer et d'être unis à Dieu. « L'Esprit Saint [...] se détourne des projets sans intelligence, quand survient l'injustice, il la confond » (Sg 1, 5). Il ne s'agit pas pour autant d'accomplir des exploits pour habiter le lieu du cœur, mais de vivre en cohérence avec la Loi, où respect de Dieu et respect du prochain sont indissolublement liés (cf. Ex 20). L'expression se conduire « parfaitement » peut prêter à confusion. Il est question de se conduire avec intégrité, sans faux-semblants, sans dissonances autant vis-à-vis de Dieu qu'avec ses semblables et soi-même. N'est ce pas cela marcher humblement avec son Dieu (cf. Mi 6, 8) et « lui rendre un culte » par toute sa vie (Rm 12, 1) ?

Le temps de la prière

« Dieu a dit une chose [...].
Ceci : que la force est à Dieu ! »
(Ps 61, 12) ■

Emmanuelle Billoteau, ermite

LE SAINT DU MOIS

21 JUILLET : SAINT LAURENT DE BRINDISI (1559-1619)

Le « docteur apostolique »

Dans sa lettre aux Romains, saint Paul s'interroge : « Comment croire en Dieu sans l'avoir entendu ? Et comment l'entendre si personne ne le proclame ? » (cf. Rm 10, 14). Ces questions furent au cœur de l'apostolat de l'Italien Laurent de Brindisi.

Entré en 1575, à 16 ans, chez les Capucins de Vérone, il impressionna ses supérieurs par sa mémoire prodigieuse et sa vive intelligence. On l'envoya donc à l'université de Padoue, où il étudia la Bible et les Pères de l'Église. Parlant déjà l'italien et le latin, *il y apprit* de nombreuses autres langues, telles que l'allemand, le français, le syriaque, l'hébreu et le grec ! Après son ordination en 1582, il n'eut plus qu'un désir : semer la parole de Dieu, « lumière pour l'intelligence, feu pour la volonté. Par elle, l'homme peut connaître Dieu et l'aimer ».

Frère Laurent commença par prêcher à Venise et à Rome devant des publics divers. Le succès de sa prédication et ses talents de polyglotte attirèrent l'attention des papes Clément VIII et Paul V qui le chargèrent de se rendre en Europe centrale, afin de contrecarrer la poussée du protestantisme. Laurent de Brindisi fut aussi nommé aumônier des armées impériales, alors en lutte contre les Ottomans, puis se vit confier maintes missions diplomatiques pour aplanir les conflits entre des États européens. Bien que couvert de responsabilités par le Saint-Siège et par son ordre, il trouva le temps d'écrire des ouvrages, dans lesquels s'exprime notamment sa fervente dévotion à l'égard de la Vierge Marie.

L'inlassable prédicateur mourut le 22 juillet 1619 à Lisbonne, où il s'était rendu pour une mission de paix. Canonisé en 1881, saint Laurent de Brindisi fut proclamé docteur de l'Église en 1959 : saint Jean XXIII lui décerna le titre de « docteur apostolique », en raison de l'intensité de son action d'évangélisation, de l'étendue de ses connaissances et de la finesse de ses écrits. ■

Xavier Lecœur, journaliste et historien

UN SAINT POUR AUJOURD'HUI

Dans l'une de ses catéchèses, le pape Benoît XVI expliquait que « saint Laurent de Brindisi nous enseigne à aimer l'Écriture sainte », « source à laquelle puiser afin que notre témoignage chrétien soit lumineux et soit capable de conduire les hommes de notre temps à Dieu ».

LUNDI 21 JUILLET 2025

16E SEMAINE DU TEMPS ORDINAIRE COULEUR LITURGIQUE : VERT

Temps ordinaire, *suggestion d'oraisons et d'antiennes n° 27*
ou **saint Laurent de Brindisi**

Antienne d'ouverture

Seigneur, tout est soumis à ta volonté, personne ne peut s'opposer à toi, car c'est toi qui as fait le ciel et la terre et toutes les merveilles qui sont sous le ciel. Tu es le Seigneur de l'univers. (Est 4, 17)

Prière

Dieu éternel et tout-puissant, dans ta tendresse inépuisable, tu combles ceux qui t'implorent, bien au-delà de leurs mérites et de leurs désirs ; répands sur nous ta miséricorde en délivrant notre conscience de ce qui l'inquiète et en donnant plus que nous n'osons demander. Par Jésus… — ***Amen.***

Lecture

du livre de l'Exode (14, 5-18)

« Les Égyptiens sauront que je suis le Seigneur, quand je me serai glorifié aux dépens de Pharaon »

En ces jours-là, on annonça au roi d'Égypte que le peuple d'Israël s'était enfui. Alors Pharaon et ses serviteurs changèrent de sentiment envers ce peuple. Ils dirent : « Qu'avons-nous fait en laissant partir Israël : il ne sera plus à notre service ! » Pharaon fit atteler son char et rassembler ses troupes ; il prit six cents chars d'élite et tous les chars de

l'Égypte, chacun avec son équipage. Le Seigneur fit en sorte que s'obstine Pharaon, roi d'Égypte, qui se lança à la poursuite des fils d'Israël, tandis que ceux-ci avançaient librement. Les Égyptiens, tous les chevaux, les chars de Pharaon, ses guerriers et son armée, les poursuivirent et les rejoignirent alors qu'ils campaient au bord de la mer, près de Pi-Hahiroth, en face de Baal-Sefone.

Comme Pharaon approchait, les fils d'Israël regardèrent et, voyant les Égyptiens lancés à leur poursuite, ils eurent très peur, et ils crièrent vers le Seigneur. Ils dirent à Moïse : « L'Égypte manquait-elle de tombeaux, pour que tu nous aies emmenés mourir dans le désert ? Quel mauvais service tu nous as rendu en nous faisant sortir d'Égypte ! C'est bien là ce que nous te disions en Égypte : "Ne t'occupe pas de nous, laisse-nous servir les Égyptiens. Il vaut mieux les servir que de mourir dans le désert !" » Moïse répondit au peuple : « N'ayez pas peur ! Tenez bon !* Vous allez voir aujourd'hui ce que le Seigneur va faire pour vous sauver ! Car, ces Égyptiens que vous voyez aujourd'hui, vous ne les verrez plus jamais. Le Seigneur combattra pour vous, et vous, vous n'aurez rien à faire. » Le Seigneur dit à Moïse : « Pourquoi crier vers moi ? Ordonne aux fils d'Israël de se mettre en route ! Toi, lève ton bâton, étends le bras sur la mer, fends-la en deux, et que les fils d'Israël entrent au milieu de la mer à pied sec. Et moi, je ferai en sorte que les Égyptiens s'obstinent : ils y entreront derrière eux ; je me glorifierai aux dépens de Pharaon et de toute son armée, de ses chars et de ses guerriers. Les Égyptiens sauront que je suis le Seigneur, quand je me serai glorifié aux dépens de Pharaon, de ses chars et de ses guerriers. »

– Parole du Seigneur.

Cantique Exode 15, 1, 2, 3-4a, 4b-5, 6

℟ ***Chantons pour le Seigneur ! Éclatante est sa gloire !***

Je chanterai pour le Seigneur !
Éclatante est sa gloire :
il a jeté dans la mer
cheval et cavalier ! ℟

Ma force et mon chant, c'est le Seigneur :
il est pour moi le salut.
Il est mon Dieu, je le célèbre ;
j'exalte le Dieu de mon père. ℟

Le Seigneur est le guerrier des combats ;
son nom est « Le Seigneur ».
Les chars du Pharaon et ses armées,
il les lance dans la mer. ℟

L'élite de leurs chefs a sombré
dans la mer Rouge.
L'abîme les recouvre :
ils descendent, comme la pierre,
au fond des eaux. ℟

Ta droite, Seigneur,
magnifique en sa force,
ta droite, Seigneur,
écrase l'ennemi. ℟

Acclamation de l'Évangile

Alléluia. Alléluia. Aujourd'hui, ne fermez pas votre cœur, mais écoutez la voix du Seigneur. ***Alléluia.***

Évangile de Jésus Christ

selon saint Matthieu (12, 38-42)

« Lors du Jugement, la reine de Saba se dressera en même temps que cette génération »

En ce temps-là, quelques-uns des scribes et des pharisiens adressèrent la parole à Jésus : « Maître, nous voulons voir un signe venant de toi. » Il leur répondit : « Cette génération mauvaise et adultère réclame un signe, mais, en fait de signe, il ne lui sera donné que le signe du prophète Jonas. En effet, comme Jonas est resté dans le ventre du monstre marin trois jours et trois nuits, le Fils de l'homme restera de même au cœur de la terre trois jours et trois nuits. Lors du Jugement, les habitants de Ninive se lèveront en même temps que cette génération, et ils la condamneront ; en effet, ils se sont convertis en réponse à la proclamation faite par Jonas, et il y a ici bien plus que Jonas. Lors du Jugement, la reine de Saba se dressera en même temps que cette génération, et elle la condamnera ; en effet, elle est venue des extrémités de la terre pour écouter la sagesse de Salomon, et il y a ici bien plus que Salomon. »

Prière sur les offrandes

Accueille, Seigneur, nous t'en prions, le sacrifice que tu as toi-même institué : dans les saints mystères que nous célébrons pour te servir comme il convient, sanctifie-nous pleinement par ton œuvre de rédemption. Par le Christ, notre Seigneur. ***— Amen.***

Antienne de la communion

Le Seigneur est bon
pour qui se tourne vers lui,
pour l'âme qui le cherche.
(Lm 3, 25)

OU

Il y a un seul pain, et la multitude
que nous sommes est un seul corps,
car nous avons tous part
à un seul pain et à une seule coupe.
(cf. 1 Co 10, 17)

Prière après la communion

Dieu tout-puissant, nous t'en prions : par la communion à ce sacrement, comble notre soif et notre faim de toi ; afin que nous puissions devenir ce que nous avons reçu. Par le Christ, notre Seigneur. – ***Amen.***

INVITATION

Je cherche dans les lectures d'aujourd'hui une phrase ou un verset qui pourra m'accompagner tout au long de la journée.

COMMENTAIRE

Quel manque de foi ! Exode 14, 5-18 ; Matthieu 12, 38-42

Le mystère du Messie, rejeté par beaucoup en Israël et reçu chez les païens, est au cœur de l'évangile de Matthieu. C'est pourquoi les gens de Ninive et la reine de Saba, ces étrangers ouverts à la Révélation, servent ici à Jésus pour dénoncer le manque de foi des scribes (qui fait écho au manque de foi des fils d'Israël face aux Égyptiens dans l'Exode). Il annonce son destin et celui de la proclamation de l'Évangile. ■

Jean-Marc Liautaud, Fondacio

✻ CLÉ DE LECTURE

« Tenez bon » Exode 14, 13 *(p. 149)*

Des traditions anciennes sur la sortie d'Égypte et la traversée de la mer pour échapper à l'esclavage sont étroitement conjuguées dans ce texte. Moïse y apparaît surtout comme un prophète qui exhorte le peuple à ne pas avoir peur. Ses paroles – « Tenez bon, n'ayez pas peur » – font écho à ce que le prophète Isaïe dit au roi Acaz qui, perdant toute confiance dans le Dieu d'Israël, voulait se soumettre aux Assyriens (cf. Is 7, 4.9). Les situations sont parallèles : il s'agit toujours de choisir une soumission ou une servitude plus ou moins confortable mais rassurante, plutôt que de s'appuyer sur le Seigneur, qui invite à la confiance et à la liberté, et de se risquer à traverser la mer, symbole peut-être de la traversée de la mort, pour vivre libre avec lui. ■

Roselyne Dupont-Roc, bibliste

MARDI 22 JUILLET 2025

COULEUR LITURGIQUE : BLANC

Sainte Marie Madeleine

Ier siècle. L'une des femmes dévouées à Jésus. Elle resta avec Marie et Jean au pied de la Croix. Le Christ ressuscité lui étant apparu au matin de Pâques, elle alla l'annoncer aux Apôtres.

Antienne d'ouverture

Le Seigneur dit à Marie Madeleine : « Va trouver mes frères pour leur dire que je monte vers mon Père et votre Père, vers mon Dieu et votre Dieu. » (Jn 20, 17)

Gloire à Dieu *(p. 216)*

Prière

Seigneur Dieu, c'est à Marie Madeleine que ton Fils unique a confié la première annonce de la joie pascale ; accorde-nous, à sa prière et à son exemple, de proclamer que le Christ est vivant et de le contempler dans la gloire de ton royaume. Lui qui… — ***Amen.***

Lectures propres à la fête de sainte Marie Madeleine.

Lecture

du Cantique des Cantiques (3, 1-4a)

« J'ai trouvé celui que mon âme désire »

Paroles de la bien-aimée. Sur mon lit, la nuit, j'ai cherché celui que mon âme désire ; je l'ai cherché ; je ne l'ai pas trouvé. Oui, je me lèverai, je tournerai dans la ville, par les rues et les places : je chercherai celui que

mon âme désire ; je l'ai cherché ; je ne l'ai pas trouvé. Ils m'ont trouvée, les gardes, eux qui tournent dans la ville : « Celui que mon âme désire*, l'auriez-vous vu ? » À peine les avais-je dépassés, j'ai trouvé celui que mon âme désire : je l'ai saisi et ne le lâcherai pas. – Parole du Seigneur.

On peut aussi lire 2 Corinthiens 5, 14-17.

Psaume 62 (63)

℟ *Mon âme a soif de toi, Seigneur, mon Dieu !*

Dieu, tu es mon Dieu, je te cherche dès l'aube :
mon âme a soif de toi ;
après toi languit ma chair,
terre aride, altérée, sans eau. ℟

Je t'ai contemplé au sanctuaire,
j'ai vu ta force et ta gloire.
Ton amour vaut mieux que la vie :
tu seras la louange de mes lèvres ! ℟

Toute ma vie, je vais te bénir,
lever les mains en invoquant ton nom.
Comme par un festin, je serai rassasié ;
la joie sur les lèvres, je dirai ta louange. ℟

Oui, tu es venu à mon secours :
je crie de joie à l'ombre de tes ailes.
Mon âme s'attache à toi,
ta main droite me soutient. ℟

20 - 26

Acclamation de l'Évangile

Alléluia. Alléluia. « Dis-nous, Marie Madeleine, qu'as-tu vu en chemin ? – J'ai vu le tombeau du Christ vivant, j'ai vu la gloire du Ressuscité. » ***Alléluia.***

Évangile de Jésus Christ

selon saint Jean (20, 1.11-18)

« Femme, pourquoi pleures-tu ? Qui cherches-tu ? »

Le premier jour de la semaine, Marie Madeleine se rend au tombeau de grand matin ; c'était encore les ténèbres. Elle s'aperçoit que la pierre a été enlevée du tombeau. Elle se tenait près du tombeau, au-dehors, tout en pleurs. Et en pleurant, elle se pencha vers le tombeau. Elle aperçoit deux anges vêtus de blanc, assis l'un à la tête et l'autre aux pieds, à l'endroit où avait reposé le corps de Jésus. Ils lui demandent : « Femme, pourquoi pleures-tu ? » Elle leur répond : « On a enlevé mon Seigneur, et je ne sais pas où on l'a déposé. » Ayant dit cela, elle se retourna ; elle aperçoit Jésus qui se tenait là, mais elle ne savait pas que c'était Jésus. Jésus lui dit : « Femme, pourquoi pleures-tu ? Qui cherches-tu ? » Le prenant pour le jardinier, elle lui répond : « Si c'est toi qui l'as emporté, dis-moi où tu l'as déposé, et moi, j'irai le prendre. » Jésus lui dit alors : « Marie ! » S'étant retournée, elle lui dit en hébreu : « Rabbouni ! », c'est-à-dire : Maître. Jésus reprend : « Ne me retiens pas, car je ne suis pas encore monté vers le Père. Va trouver mes frères pour leur dire que je monte vers mon Père et votre Père, vers mon Dieu et votre Dieu. » Marie Madeleine s'en va donc annoncer aux disciples : « J'ai vu le Seigneur ! », et elle raconta ce qu'il lui avait dit.

Prière sur les offrandes

Accepte, Seigneur, les offrandes que nous te présentons en faisant mémoire de la bienheureuse Marie Madeleine, puisque ton Fils unique voulut bien accepter le témoignage empressé de son amour. Lui qui… — ***Amen.***

Prière eucharistique

(Préface de Marie Madeleine)

Vraiment, il est juste et bon, pour ta gloire et notre salut, de te célébrer en toute chose, toi, le Père tout-puissant, dont la puissance n'a d'égale que la miséricorde, par le Christ, notre Seigneur. Au jardin, il s'est manifesté à Marie Madeleine, il est apparu à celle qui l'avait aimé en cette vie et vu mourir sur la croix, elle qui le chercha quand il gisait dans le tombeau, et, la première, l'adora quand il ressuscita d'entre les morts. Il lui confia la charge et l'honneur d'être l'apôtre des Apôtres, pour que la joyeuse annonce de la vie nouvelle parvienne aux limites du monde. C'est pourquoi nous aussi, avec les anges et tous les saints, nous te louons, Seigneur, et, dans l'allégresse, nous proclamons : ***Saint ! Saint ! Saint…***

Antienne de la communion

L'amour du Christ nous saisit,
afin que les vivants n'aient plus
leur vie centrée sur eux-mêmes,
mais sur lui, qui est mort et ressuscité
pour eux. (2 Co 5, 14.15)

Prière après la communion

Que la communion à tes mystères, Seigneur, nous remplisse de cet amour sans défaillance qui a lié pour toujours la bienheureuse Marie Madeleine à son maître, le Christ. Lui qui… ***— Amen.***

INVITATION

Marie Madeleine fut la première à témoigner de la Résurrection.
Et moi, suis-je aussi un témoin du Christ ?

COMMENTAIRE

Retournement

Jean 20, 1.11-18

L'apparition à Marie Madeleine met en scène l'un des nombreux malentendus du quatrième évangile. En prenant Jésus pour le gardien du cimetière, Marie Madeleine révèle son intention : « prendre » celui qu'on lui a enlevé. Or, le Ressuscité ne peut pas être « retenu », gardé pour soi : il envoie en mission, il tourne les siens vers les autres et le témoignage. La femme éplorée devient ainsi « apôtre des Apôtres ». ■

***Jean-Marc Liautaud**, Fondacio*

✻ CLÉ DE LECTURE

« Mon âme désire »

Cantique des Cantiques 3, 1 *(p. 155)*

Les traditions juive et chrétienne ont lu le Cantique des cantiques comme la quête spirituelle de l'âme qui cherche son Dieu. Pourtant, le texte est d'abord un chant à la louange de l'amour humain charnel, de la passion d'une femme qui cherche sans cesse celui qu'elle aime. Cette passion est magnifiée, car à travers elle se dit la soif des humains pour un amour sans limite, qui seul peut les combler. Or, cette obstination rencontre une réponse, le bien-aimé répond, appelle à son tour ; le dialogue se poursuit, sans que la quête atteigne son but. Marie Madeleine cherchera tout aussi désespérément le corps de Jésus. La réponse passe alors par l'appel à accepter la séparation d'avec celui qu'elle a saisi, mais aussi par le don d'un amour nouveau à partager avec tous. ■

***Roselyne Dupont-Roc**, bibliste*

MERCREDI 23 JUILLET 2025

COULEUR LITURGIQUE : BLANC

Sainte Brigitte de Suède

XIVe siècle. Noble suédoise, mère de huit enfants, fondatrice de l'ordre du Saint-Sauveur. Depuis 1999, elle est l'une des trois patronnes de l'Europe.

Antienne d'ouverture

Réjouissons-nous tous dans le Seigneur,
en célébrant la fête de sainte Brigitte ;
les anges s'en réjouissent
et tous ensemble ils louent le Fils de Dieu.

Gloire à Dieu (p. 216)

Prière

Seigneur Dieu, tu as conduit sainte Brigitte par divers chemins de vie, et tu lui as enseigné de façon admirable la sagesse de la croix par la contemplation de la passion de ton Fils ; accorde à chacun de nous, quel que soit son état de vie, de savoir te chercher en toute chose. Par Jésus… — ***Amen.***

Lectures propres à la fête de sainte Brigitte de Suède.

Lecture

de la lettre de saint Paul apôtre aux Galates (2, 19-20)

« Je vis, mais ce n'est plus moi, c'est le Christ qui vit en moi »

Frères, par la Loi, je suis mort à la Loi afin de vivre pour Dieu ; avec le Christ, je suis crucifié. Je vis, mais ce n'est plus moi, c'est le Christ qui vit

en moi. Ce que je vis aujourd'hui dans la chair, je le vis dans la foi au Fils de Dieu qui m'a aimé et s'est livré lui-même pour moi. – Parole du Seigneur.

On peut aussi lire Tobie 8, 4b-7.

Psaume 33 (34)

℟ ***Je bénirai le Seigneur en tout temps.***
OU ***Goûtez et voyez comme est bon le Seigneur.***

Je bénirai le Seigneur en tout temps,
sa louange sans cesse à mes lèvres.
Je me glorifierai dans le Seigneur :
que les pauvres m'entendent
et soient en fête ! ℟

Magnifiez avec moi le Seigneur,
exaltons tous ensemble son nom.
Je cherche le Seigneur, il me répond :
de toutes mes frayeurs, il me délivre. ℟

Qui regarde vers lui resplendira,
sans ombre ni trouble au visage.
Un pauvre crie ; le Seigneur entend :
il le sauve de toutes ses angoisses. ℟

L'ange du Seigneur campe alentour
pour libérer ceux qui le craignent.
Goûtez et voyez : le Seigneur est bon !
Heureux qui trouve en lui son refuge ! ℟

Saints du Seigneur, adorez-le :
rien ne manque à ceux qui le craignent.
Des riches ont tout perdu, ils ont faim ;
qui cherche le Seigneur
ne manquera d'aucun bien. ℟

Acclamation de l'Évangile

Alléluia. Alléluia. Demeurez dans mon amour, dit le Seigneur. Celui qui demeure en moi et en qui je demeure, celui-là porte beaucoup de fruit. ***Alléluia.***

Évangile de Jésus Christ

selon saint Marc (3, 31-35)

« Celui qui fait la volonté de Dieu, celui-là est pour moi un frère, une sœur, une mère. »

En ce temps-là, comme Jésus était dans une maison, arrivent sa mère et ses frères. Restant au-dehors, ils le font appeler. Une foule était assise autour de lui ; et on lui dit : « Voici que ta mère et tes frères sont là dehors : ils te cherchent. » Mais il leur répond : « Qui est ma mère ? qui sont mes frères ? » Et parcourant du regard ceux qui étaient assis en cercle autour de lui, il dit : « Voici ma mère et mes frères. Celui qui fait la volonté de Dieu, celui-là est pour moi un frère, une sœur, une mère. »

On peut aussi lire Jean 15, 1-8.

Prière sur les offrandes

Dieu de grande bonté, en sainte Brigitte tu as fait disparaître ce qui devait vieillir, pour créer un être nouveau à ton image ; nous t'en prions, accorde-nous d'être renouvelés comme elle, afin que nous puissions te plaire en t'offrant ce sacrifice de pardon et de paix. Par le Christ, notre Seigneur. ***— Amen.***

Préface des saintes vierges, des saints religieux ou religieuses, p. 225, ou des saints, p. 223.

Antienne de la communion

Tu aimes la justice
et tu réprouves le mal.
Oui, Dieu, ton Dieu t'a consacrée
d'une onction de joie,
de préférence à tes semblables.
(cf. Ps 44, 8)

Prière après la communion

Dieu tout-puissant, nous te prions ; fais que, soutenus par la force de ce sacrement et instruits par l'exemple de sainte Brigitte, nous te cherchions toujours et par-dessus tout, donnant forme en ce monde à l'humanité nouvelle. Par le Christ, notre Seigneur.
— Amen.

INVITATION

Ce sera dimanche la Journée mondiale des grands-parents et des personnes âgées. L'occasion d'une prière ou d'une visite.

COMMENTAIRE

Famille recomposée Marc 3, 31-35

La force de la relation entre Jésus et son Père relativise et recompose tout, y compris le lien familial. Jésus remplace ainsi une allégeance automatique, née des liens du sang, par une autre, ouverte et libre, créée par la décision de suivre Dieu. Ses parents de Nazareth ne sont ainsi nullement rejetés, mais invités à se situer et à se joindre, s'ils le veulent, à celles et ceux qui ont choisi le Royaume. ■

Jean-Marc Liautaud, Fondacio

JEUDI 24 JUILLET 2025

16E SEMAINE DU TEMPS ORDINAIRE COULEUR LITURGIQUE : VERT

Temps ordinaire, *suggestion d'oraisons et d'antiennes n° 28*
ou **saint Charbel Makhlouf,** *voir p. 168*

Antienne d'ouverture

Si tu retiens les fautes, Seigneur,
Seigneur, qui subsistera ?
Mais près de toi se trouve le pardon, Dieu d'Israël. (cf. Ps 129, 3-4)

Prière

Nous t'en prions, Seigneur, que ta grâce nous devance et qu'elle nous accompagne toujours, pour nous rendre attentifs à faire le bien sans relâche. Par Jésus… ***— Amen.***

Lecture

du livre de l'Exode (19, 1-2.9-11.16-20b)

« En présence de tout le peuple, le Seigneur descendra sur la montagne du Sinaï »

Le troisième mois qui suivit la sortie d'Égypte, jour pour jour, les fils d'Israël arrivèrent dans le désert du Sinaï. C'est en partant de Rephidim qu'ils arrivèrent dans ce désert, et ils y établirent leur camp juste en face de la montagne. Le Seigneur dit à Moïse : « Je vais venir vers toi dans l'épaisseur de la nuée, pour que le peuple, qui m'entendra te parler, mette sa foi en toi, pour toujours. » Puis Moïse transmit au Seigneur les paroles du peuple. Le Seigneur dit encore à Moïse : « Va vers le peuple ;

sanctifie-le, aujourd'hui et demain; qu'ils lavent leurs vêtements, pour être prêts le troisième jour; car, ce troisième jour, en présence de tout le peuple, le Seigneur descendra sur la montagne du Sinaï. »
Le troisième jour, dès le matin, il y eut des coups de tonnerre, des éclairs, une lourde nuée sur la montagne, et une puissante sonnerie de cor; dans le camp, tout le peuple trembla. Moïse fit sortir le peuple hors du camp, à la rencontre de Dieu, et ils restèrent debout au pied de la montagne. La montagne du Sinaï était toute fumante, car le Seigneur y était descendu dans le feu; la fumée montait, comme la fumée d'une fournaise, et toute la montagne tremblait violemment*. La sonnerie du cor était de plus en plus puissante. Moïse parlait, et la voix de Dieu lui répondait. Le Seigneur descendit sur le sommet du Sinaï, il appela Moïse sur le sommet de la montagne.
– Parole du Seigneur.

Cantique Daniel 3, 52, 53, 54, 55, 56

℟ ***À toi, louange et gloire éternellement !***

Béni sois-tu, Seigneur, Dieu de nos pères : ℟

Béni soit le nom très saint de ta gloire : ℟

Béni sois-tu dans ton saint temple de gloire : ℟

Béni sois-tu sur le trône de ton règne : ℟

Béni sois-tu, toi qui sondes les abîmes : ℟

Toi qui sièges au-dessus des Kéroubim : ℟

Béni sois-tu au firmament, dans le ciel : ℟

Acclamation de l'Évangile

Alléluia. Alléluia. Tu es béni, Père, Seigneur du ciel et de la terre, tu as révélé aux tout-petits les mystères du Royaume ! ***Alléluia.***

Évangile de Jésus Christ

selon saint Matthieu (13, 10-17)

« À vous il est donné de connaître les mystères du royaume des Cieux, mais ce n'est pas donné à ceux-là »

En ce temps-là, les disciples s'approchèrent de Jésus et lui dirent : « Pourquoi leur parles-tu en paraboles ? » Il leur répondit : « À vous il est donné de connaître les mystères du royaume des Cieux, mais ce n'est pas donné à ceux-là. À celui qui a, on donnera, et il sera dans l'abondance ; à celui qui n'a pas, on enlèvera même ce qu'il a. Si je leur parle en paraboles, c'est parce qu'ils regardent sans regarder, et qu'ils écoutent sans écouter ni comprendre. Ainsi s'accomplit pour eux la prophétie d'Isaïe : *Vous aurez beau écouter, vous ne comprendrez pas. Vous aurez beau regarder, vous ne verrez pas. Le cœur de ce peuple s'est alourdi : ils sont devenus durs d'oreille, ils se sont bouché les yeux, de peur que leurs yeux ne voient, que leurs oreilles n'entendent, que leur cœur ne comprenne, qu'ils ne se convertissent, – et moi, je les guérirai.* Mais vous, heureux vos yeux puisqu'ils voient, et vos oreilles puisqu'elles entendent ! Amen, je vous le dis : beaucoup de prophètes et de justes ont désiré voir ce que vous voyez, et ne l'ont pas vu, entendre ce que vous entendez, et ne l'ont pas entendu. »

Prière sur les offrandes

Avec l'offrande de ce sacrifice, accueille, Seigneur, les prières de tes fidèles ; que cette liturgie célébrée avec ferveur nous fasse parvenir à la gloire du ciel. Par le Christ, notre Seigneur. – ***Amen.***

Antienne de la communion

Des riches ont tout perdu,
ils ont faim ; qui cherche le Seigneur
ne manquera d'aucun bien.
(Ps 33, 11)

OU

Quand le Seigneur sera manifesté,
nous lui serons semblables
car nous le verrons tel qu'il est.
(cf. 1 Jn 3, 2)

Prière après la communion

Seigneur, Dieu de majesté, nous t'en supplions humblement : puisque tu nous as nourris du Corps et du Sang très saints, rends-nous participants de la nature divine. Par le Christ, notre Seigneur. – ***Amen.***

INVITATION

Le pape nous invite ce mois-ci à prier pour la formation au discernement et au rejet de ce qui nous éloigne de l'Évangile. Je m'associe à cette intention *(lire p. 6).*

COMMENTAIRE

Qui cherche trouve Exode 19, 1-2.9-11.16-20b ; Matthieu 13, 10-17

Jésus parle à tous en paraboles. Les disciples restent poser des questions. Là est le clivage : entre ceux qui repartent sans rien demander parce qu'ils ont trop peur de comprendre et ceux qui cherchent plus loin. Ceux-là ont le désir de comprendre Jésus, il leur sera donné la révélation du Royaume. Étrange parallèle avec le peuple au Sinaï qui voit et entend, mais de loin, sans entrer, comme Moïse, dans l'intimité de Dieu. ■

Jean-Marc Liautaud, Fondacio

✲ CLÉ DE LECTURE

« Tremblait violemment » Exode 19, 18 *(p. 164)*

Cette impressionnante manifestation de Dieu sur la montagne du Sinaï insiste sur les phénomènes violents qui expriment la puissance et la sainteté absolue du Seigneur d'Israël. Le feu et le tremblement de terre seront au contraire récusés lorsque Dieu se manifestera à Élie au désert dans « le murmure d'une brise légère » (1 R 19, 12). Selon les époques et les circonstances, la manifestation soudaine de Dieu au cœur de nos vies peut se vivre et se dire de façons très différentes. Ce que l'un a vécu comme un séisme bouleversant son existence, l'autre le ressentira comme une douce motion intérieure. Dans tous les cas, c'est au cœur de la vie quotidienne que la présence de Dieu sera éprouvée, lorsqu'elle sera mise à l'épreuve dans nos actes et notre vie. ■

Roselyne Dupont-Roc, bibliste

Saint Charbel Makhlouf

Couleur liturgique : blanc

1828-1898. Moine, prêtre et ermite libanais, très cher au cœur des chrétiens maronites. Canonisé en 1977 par Paul VI.

Antienne d'ouverture

Là où des frères, tous ensemble,
glorifient Dieu,
le Seigneur donnera sa bénédiction.
OU
Je n'avais que ta louange à la bouche,
pour te chanter. Joie sur mes lèvres
qui chantent pour toi. (cf. Ps 70, 8.23)

Prière

Seigneur Dieu, tu as appelé le prêtre saint Charbel au combat singulier du désert, et tu l'as comblé de multiples dons spirituels ; nous t'en supplions : donne-nous d'imiter le Seigneur en sa passion et d'avoir part à son Royaume. Lui *qui…* **— *Amen.***

Prière sur les offrandes

Reçois, nous t'en prions, Seigneur, le sacrifice offert pour le salut de ton peuple : qu'il nous obtienne, par l'intercession de saint Charbel Makhlouf, d'éviter les séductions du péché et de nous rapprocher de la vie du ciel. Par le Christ, notre Seigneur. **— *Amen.***

Antienne de la communion

Heureux les habitants de ta maison,
Seigneur : ils pourront
te chanter à jamais.
(cf. Ps 83, 5)

Prière après la communion

Nous t'en prions, Seigneur notre Dieu, forts du soutien de saint Charbel Makhlouf, puissions-nous garder un juste équilibre de vie grâce au sacrement que nous offre ta sagesse. Par le Christ, notre Seigneur. **— *Amen.***

COULEUR LITURGIQUE : ROUGE

Saint Jacques le Majeur

Ier siècle. Témoin, avec Pierre et Jean, de la Transfiguration et de l'agonie de Jésus, il fut le premier Apôtre à être martyrisé. Vénéré depuis fort longtemps à Compostelle.

Antienne d'ouverture

Comme il marchait le long de la mer de Galilée,
Jésus vit Jacques, fils de Zébédée, et Jean son frère,
en train de réparer leurs filets, et il les appela. (cf. Mt 4, 18.21)

Gloire à Dieu (p. 216).

Prière

Dieu éternel et tout-puissant, tu as consacré l'offrande du bienheureux Jacques, le premier de tes Apôtres à verser pour toi son sang ; accorde à ton Église de trouver dans son témoignage une force, et dans sa protection un appui constant. Par Jésus… — ***Amen.***

Lectures propres à la fête de saint Jacques le Majeur.

Lecture

de la deuxième lettre de saint Paul apôtre aux Corinthiens (4, 7-15)

« Nous portons, dans notre corps, la mort de Jésus »

Frères, nous portons un trésor comme dans des vases d'argile ; ainsi, on voit bien que cette puissance extraordinaire appartient à Dieu et ne vient pas de nous. En toute circonstance, nous sommes dans la détresse, mais sans être angoissés ; nous sommes déconcertés, mais non désemparés ; nous sommes pourchassés, mais non pas abandonnés ; terrassés, mais non pas anéantis. Toujours nous portons, dans notre corps, la mort de Jésus, afin que la vie de Jésus, elle aussi, soit manifestée dans notre corps. En effet, nous, les vivants, nous sommes continuellement livrés à la mort à cause de Jésus, afin que la vie de Jésus, elle aussi, soit manifestée dans notre condition charnelle vouée à la mort. Ainsi la mort fait son œuvre en nous, et la vie en vous. L'Écriture dit : *J'ai cru, c'est pourquoi j'ai parlé.* Et nous aussi, qui avons le même esprit de foi, nous croyons, et c'est pourquoi nous parlons. Car, nous le savons, celui qui a ressuscité le Seigneur Jésus nous ressuscitera, nous aussi, avec Jésus, et il nous placera près de lui avec vous. Et tout cela, c'est pour vous, afin que la grâce, plus largement répandue dans un plus grand nombre, fasse abonder l'action de grâce pour la gloire de Dieu. – Parole du Seigneur.

Psaume 125 (126)

℟ ***Ceux qui sèment dans les larmes moissonnent dans la joie.***

Quand le Seigneur ramena
les captifs à Sion,
nous étions comme en rêve !
Alors notre bouche était pleine de rires,
nous poussions des cris de joie. ℟

Alors on disait parmi les nations :
« Quelles merveilles fait
pour eux le Seigneur ! »
Quelles merveilles le Seigneur fit pour nous :
nous étions en grande fête ! ℟

Ramène, Seigneur, nos captifs,
comme les torrents au désert.
Qui sème dans les larmes
moissonne dans la joie. R/

Il s'en va, il s'en va en pleurant,
il jette la semence ;
il s'en vient, il s'en vient dans la joie,
il rapporte les gerbes. R/

Acclamation de l'Évangile

Alléluia. Alléluia. C'est moi qui vous ai choisis du milieu du monde, afin que vous alliez, que vous portiez du fruit, et que votre fruit demeure, dit le Seigneur. ***Alléluia.***

Évangile de Jésus Christ

selon saint Matthieu (20, 20-28)

« Ma coupe, vous la boirez »

En ce temps-là, la mère de Jacques et de Jean, fils de Zébédée, s'approcha de Jésus avec ses fils Jacques et Jean, et elle se prosterna pour lui faire une demande. Jésus lui dit : « Que veux-tu ? » Elle répondit : « Ordonne que mes deux fils que voici siègent, l'un à ta droite et l'autre à ta gauche, dans ton Royaume. » Jésus répondit : « Vous ne savez pas ce que vous demandez. Pouvez-vous boire la coupe que je vais boire ? » Ils lui disent : « Nous le pouvons. » Il leur dit : « Ma coupe, vous la boirez ; quant à siéger à ma droite et à ma gauche, ce n'est pas à moi de l'accorder ; il y a ceux pour qui cela est préparé par mon Père. »

Les dix autres, qui avaient entendu, s'indignèrent contre les deux frères. Jésus les appela et dit : « Vous le savez : les chefs des nations les commandent en maîtres, et les grands font sentir leur pouvoir. Parmi vous, il ne devra pas en être ainsi : celui qui veut devenir grand parmi vous sera votre serviteur ; et celui qui veut être parmi vous le premier sera votre esclave. Ainsi, le Fils de l'homme n'est pas venu pour être servi, mais pour servir, et donner sa vie en rançon* pour la multitude. »

Prière sur les offrandes

Purifie-nous, Seigneur, par la passion de ton Fils, puisqu'elle est le baptême qui nous sauve ; nous pourrons alors t'offrir un sacrifice agréable en la fête du bienheureux Jacques, le premier des Apôtres à boire à la coupe du Christ. Lui qui…

— *Amen.*

Préface des Apôtres, p. 223.

Antienne de la communion

Ils ont partagé la coupe du Seigneur, et sont devenus les amis de Dieu.

Prière après la communion

À la prière du bienheureux apôtre Jacques, viens à notre aide, Seigneur, en ce jour où pour célébrer sa fête nous avons reçu dans la joie tes dons sacrés. Par le Christ, notre Seigneur.

— *Amen.*

INVITATION

Suis-je prêt, comme Jésus, à me mettre dans une attitude de service pour ceux qui m'entourent ? Jusqu'où ?

d'immoler au Seigneur des taureaux en sacrifice de paix. Moïse prit la moitié du sang et le mit dans des coupes ; puis il aspergea l'autel avec le reste du sang. Il prit le livre de l'Alliance et en fit la lecture au peuple. Celui-ci répondit : « Tout ce que le Seigneur a dit, nous le mettrons en pratique, nous y obéirons. » Moïse prit le sang, en aspergea le peuple, et dit : « Voici le sang de l'Alliance que, sur la base de toutes ces paroles, le Seigneur a conclue avec vous. »
– Parole du Seigneur.

Psaume 49 (50)

℟ ***Offre à Dieu le sacrifice d'action de grâce.***

Le Dieu des dieux, le Seigneur,
parle et convoque la terre
du soleil levant jusqu'au soleil couchant.
De Sion, belle entre toutes,
Dieu resplendit. ℟

« Assemblez, devant moi, mes fidèles,
eux qui scellent d'un sacrifice mon alliance. »
Et les cieux proclament sa justice :
oui, le juge, c'est Dieu ! ℟

« Offre à Dieu le sacrifice
d'action de grâce,
accomplis tes vœux envers le Très-Haut.
Invoque-moi au jour de détresse :
je te délivrerai, et tu me rendras gloire. » ℟

Acclamation de l'Évangile

Alléluia. Alléluia. Accueillez dans la douceur la Parole semée en nous : c'est elle qui peut vous sauver. ***Alléluia.***

Évangile de Jésus Christ

selon saint Matthieu (13, 24-30)

« Laissez-les pousser ensemble jusqu'à la moisson »

En ce temps-là, Jésus proposa aux foules une autre parabole : « Le royaume des Cieux est comparable à un homme qui a semé du bon grain dans son champ. Or, pendant que les gens dormaient, son ennemi survint ; il sema de l'ivraie au milieu du blé et s'en alla. Quand la tige poussa et produisit l'épi, alors l'ivraie apparut aussi. Les serviteurs du maître vinrent lui dire : "Seigneur, n'est-ce pas du bon grain que tu as semé dans ton champ ? D'où vient donc qu'il y a de l'ivraie ?" Il leur dit : "C'est un ennemi qui a fait cela." Les serviteurs lui disent : "Veux-tu donc que nous allions l'enlever ?" Il répond : "Non, en enlevant l'ivraie, vous risquez d'arracher le blé en même temps. Laissez-les pousser ensemble jusqu'à la moisson ; et, au temps de la moisson, je dirai aux moissonneurs : Enlevez d'abord l'ivraie, liez-la en bottes pour la brûler ; quant au blé, ramassez-le pour le rentrer dans mon grenier." »

Prière sur les offrandes

Seigneur, nous t'en prions : accepte ce que nous t'offrons de grand cœur ; fais que nous ayons part à la bénédiction promise à Abraham et sa descendance. Par le Christ, notre Seigneur. **— *Amen.***

Préface des saints, p. 223.

Antienne de la communion

Ils ont obtenu, du Seigneur,
la bénédiction,
et de Dieu leur Sauveur,
la miséricorde.
(cf. Ps 23, 5)

Prière après la communion

Seigneur Dieu, tu as voulu que ton Fils unique naisse de la famille humaine, pour que celle-ci, par un admirable mystère, renaisse de ta propre vie ; dans ta bonté, accorde à ceux que tu as nourris du pain de tes enfants d'être sanctifiés par ton esprit d'adoption. Par le Christ, notre Seigneur. — ***Amen.***

INVITATION

Quelle est l'ivraie dans mon cœur dont je pourrais me débarrasser ?
Peut-être puis-je le faire dans une démarche de réconciliation ?

COMMENTAIRE

Patience… Exode 24, 3-8 ; Matthieu 13, 24-30

Le peuple qui jure obéissance au Seigneur au Sinaï le trahira ensuite à de multiples reprises, éprouvant ainsi la patience de Dieu. C'est cette même patience dont fait preuve le maître de la parabole, acceptant que son champ ait été pollué par la semence de son ennemi. Mais le bon grain est toujours là, attendant l'heure du tri. Père, toi qui patientes envers nous qui sommes si mélangés, donne-nous ta patience ! ■

Jean-Marc Liautaud, Fondacio

DIMANCHE 27 JUILLET 2025

17E DIMANCHE DU TEMPS ORDINAIRE

ANNÉE C – COULEUR LITURGIQUE : VERT

« Quiconque demande reçoit. » Jésus nous encourage à prier avec assurance. Non pas pour nous seulement, mais pour toute l'humanité. Nous pouvons compter sur son Esprit, sur sa lumière éclairant nos demandes, sur sa joie pour rendre grâce, sur sa miséricorde envers nos frères et nos sœurs. Ensemble, chantons le Seigneur, « éternel est son amour » !

RITES INITIAUX

Chant d'entrée *(Suggestions p. 243)*
OU
Antienne d'ouverture
Dieu se tient dans sa sainte demeure ; Dieu fait habiter les siens unanimes dans sa maison : c'est lui qui donne à son peuple force et puissance. (cf. Ps 67, 6-7.36)

Suggestion de préparation pénitentielle *(ou p. 214)*
Par le baptême, Dieu nous a donné la vie avec le Christ, il a pardonné toutes nos fautes. Que sa miséricorde ravive en nous cette grâce du baptême. Avec foi, demandons pardon pour nos péchés.

Seigneur Jésus, toi qui fais de nous les enfants du Père, tu es l'amour qui nous unit. Seigneur, prends pitié.
— Seigneur, prends pitié.
Ô Christ, toi qui nous sauves par ta croix, tu es la force de notre prière. Ô Christ, prends pitié.
— Ô Christ, prends pitié.
Seigneur, toi qui nous rassembleras dans la gloire, tu es la source de notre joie. Seigneur, prends pitié.
— Seigneur, prends pitié.

Que Dieu tout-puissant nous fasse miséricorde ; qu'il nous pardonne nos péchés et nous conduise à la vie éternelle. ***— Amen.***

Gloire à Dieu *(p. 216)*

Prière

Tu protèges, Seigneur Dieu, ceux qui espèrent en toi ; sans toi, rien n'est fort et rien n'est saint : multiplie pour nous les signes de ta miséricorde, afin que, sous ta conduite et sous ta direction, en faisant un bon usage des biens qui passent, nous puissions déjà nous attacher à ceux qui demeurent. Par Jésus… ***— Amen.***

LITURGIE DE LA PAROLE

Lecture du livre de la Genèse (18, 20-32)

« Que mon Seigneur ne se mette pas en colère, si j'ose parler encore »

En ces jours-là, les trois visiteurs d'Abraham allaient partir pour Sodome. Alors le Seigneur dit : « Comme elle est grande, la clameur au sujet de Sodome et de Gomorrhe ! Et leur faute, comme elle est lourde ! Je veux descendre pour voir si leur conduite correspond à la clameur venue jusqu'à moi. Si c'est faux, je le reconnaîtrai. » Les hommes se dirigèrent vers Sodome, tandis qu'Abraham demeurait devant le Seigneur. Abraham s'approcha et dit : « Vas-tu vraiment faire périr le juste avec le coupable ? Peut-être y a-t-il cinquante justes dans la ville. Vas-tu vraiment les faire périr ? Ne pardonneras-tu pas à toute la ville à cause des cinquante justes qui s'y trouvent ? Loin de toi de faire une chose pareille ! Faire mourir

Si haut que soit le Seigneur, il voit le plus humble ;
de loin, il reconnaît l'orgueilleux.
Si je marche au milieu des angoisses, tu me fais vivre,
ta main s'abat sur mes ennemis en colère. ℟

Ta droite me rend vainqueur.
Le Seigneur fait tout pour moi !
Seigneur, éternel est ton amour :
n'arrête pas l'œuvre de tes mains. ℟

Lecture de la lettre de saint Paul apôtre aux Colossiens (2, 12-14)

« Dieu vous a donné la vie avec le Christ,
il nous a pardonné toutes nos fautes »

Frères, dans le baptême, vous avez été mis au tombeau avec le Christ et vous êtes ressuscités avec lui par la foi en la force de Dieu qui l'a ressuscité d'entre les morts. Vous étiez des morts, parce que vous aviez commis des fautes et n'aviez pas reçu de circoncision dans votre chair. Mais Dieu vous a donné la vie avec le Christ : il nous a pardonné toutes nos fautes. Il a effacé le billet de la dette qui nous accablait en raison des prescriptions légales pesant sur nous : il l'a annulé en le clouant à la croix.

– Parole du Seigneur.

Acclamation de l'Évangile

Alléluia. Alléluia. Vous avez reçu un Esprit qui fait de vous des fils ; c'est en lui que nous crions « *Abba* », Père. ***Alléluia.***

I 268 ; M. : O. Vercruysse ; Audivis ; Psalmodie : M. Wackenheim ; Bayard Liturgie.

Évangile de Jésus Christ selon saint Luc (11, 1-13)

« Demandez, on vous donnera »

Il arriva que Jésus, en un certain lieu, était en prière. Quand il eut terminé, un de ses disciples lui demanda : « Seigneur, apprends-nous à prier, comme Jean le Baptiste, lui aussi, l'a appris à ses disciples. » Il leur répondit : « Quand vous priez, dites : Père, que ton nom soit sanctifié, que ton règne vienne. Donne-nous le pain dont

nous avons besoin pour chaque jour. Pardonne-nous nos péchés, car nous-mêmes, nous pardonnons aussi à tous ceux qui ont des torts envers nous. Et ne nous laisse pas entrer en tentation. »
Jésus leur dit encore : « Imaginez que l'un de vous ait un ami et aille le trouver au milieu de la nuit pour lui demander : "Mon ami, prête-moi trois pains, car un de mes amis est arrivé de voyage chez moi, et je n'ai rien à lui offrir." Et si, de l'intérieur, l'autre lui répond : "Ne viens pas m'importuner ! La porte est déjà fermée ; mes enfants et moi, nous sommes couchés. Je ne puis pas me lever pour te donner quelque chose." Eh bien ! je vous le dis : même s'il ne se lève pas pour donner par amitié, il se lèvera à cause du sans-gêne de cet ami, et il lui donnera tout ce qu'il lui faut. Moi, je vous dis : Demandez, on vous donnera ; cherchez, vous trouverez ; frappez, on vous ouvrira. En effet, quiconque demande reçoit ; qui cherche trouve ; à qui frappe, on ouvrira. Quel père parmi vous, quand son fils lui demande un poisson, lui donnera un serpent au lieu du poisson ? ou lui donnera un scorpion quand il demande un œuf ? Si donc vous, qui êtes mauvais, vous savez donner de bonnes choses à vos enfants, combien plus le Père du ciel donnera-t-il l'Esprit Saint à ceux qui le lui demandent ! »

Homélie

Profession de foi (p. 217)

Suggestion de prière universelle

Le prêtre :

Dieu entend nos prières, nous le croyons. Avec l'insistance d'Abraham, supplions notre Père pour tous les hommes.

℟ ***Notre Père, notre Père, nous te supplions humblement.***

B 4 Chalet ; T. et M. : anonyme.

Le diacre ou un lecteur :

Père, regarde avec bonté l'Église du Christ, qu'elle soit maîtresse de prière pour tous les hommes et qu'elle annonce sans relâche ta miséricorde, nous t'en prions. ℟

Père, guide les dirigeants de notre pays dans leurs décisions. Qu'ils demeurent gardiens de la laïcité et artisans de justice, nous t'en prions. ℟

Père, donne ta joie aux jeunes du monde entier qui vont célébrer à Rome leur jubilé. Que l'enthousiasme les habite toujours, nous t'en prions. ℟

Père, accorde miséricorde et espérance aux chrétiens de toutes confessions. Que la prière favorise leur rapprochement et leur fasse désirer l'unité, nous t'en prions. ℟

(Ces intentions seront adaptées ou modifiées selon les circonstances. On peut aussi s'inspirer de l'intention universelle du Saint-Père, p. 6.)

Le prêtre :

Dieu notre Père, nous t'en supplions, fais connaître ton amour à tous nos frères et sœurs du monde et exauce toutes nos prières. Par le Christ, notre Seigneur. **— *Amen.***

LITURGIE EUCHARISTIQUE

Prière sur les offrandes

Accueille, nous t'en prions, Seigneur, les dons prélevés pour toi sur tes propres largesses ; que ces mystères très saints, où ta grâce opère avec puissance, sanctifient notre vie de tous les jours et nous conduisent aux joies éternelles. Par le Christ, notre Seigneur. **— *Amen.***

Prière eucharistique *(Préfaces des dimanches, p. 221)*

Chant de communion *(Suggestions p. 243)*

OU

Antienne de la communion

Bénis le Seigneur, ô mon âme,
n'oublie aucun de ses bienfaits.
(Ps 102, 2)

OU
Heureux les miséricordieux,
car ils obtiendront miséricorde.
Heureux les cœurs purs,
car ils verront Dieu.
(Mt 5, 7-8)

Prière après la communion

Nous avons communié, Seigneur, au sacrement divin, mémorial à jamais de la passion de ton Fils ; nous t'en prions : fais servir à notre salut le don que lui-même nous a légué dans son amour inexprimable. Lui qui… — ***Amen.***

RITE DE CONCLUSION

Bénédiction

Envoi

COMMENTAIRE DU DIMANCHE

Anne Da, xavière

De la négociation à la prière

Comment ne pas admirer cet étonnant dialogue entre Abraham et le Seigneur ? Pour en goûter la saveur, remarquons les versets en amont : ils précisent que l'initiative vient du Seigneur lui-même : « Vais-je cacher à Abraham ce que je veux faire ? » Dieu veut faire part de son projet au patriarche avec lequel il a conclu une alliance. Celle-ci engage le patriarche et sa descendance à pratiquer la justice et le droit. Abraham et Sarah ne viennent-ils pas d'apprendre que la promesse de la naissance d'un fils leur est acquise ? Oui, le Seigneur est maître de l'impossible.

Ainsi, avec audace, Abraham ose sonder respectueusement son Seigneur, qui se laisse toucher par l'interpellation au point de modifier son projet. D'intercession en intercession, Abraham •••

••• apprend que le Seigneur écoute sa prière. Tandis que diminue le nombre de justes espérés pour que Dieu épargne la ville, la foi d'Abraham grandit. Celui-là même dont saint Paul dira « qu'ayant eu foi en Dieu, il lui fut accordé d'être juste ».
La sagesse d'Abraham de ne pas descendre en deçà de dix justes peut sans doute être entendue comme un acte de foi et de respect de Dieu. La justesse de la demande du patriarche est peut-être de se tenir dans une distance appropriée avec son Seigneur, sans prendre sa place. Comment demander avec l'ardeur d'Abraham la miséricorde du Seigneur sans chercher à lui imposer la manière dont il choisira de faire miséricorde ?

~

Ai-je l'audace de parler au Seigneur comme « un ami parle à son ami », d'intercéder avec insistance et respect ?
Quelle est la place de la supplication et de l'intercession *pour le monde dans ma prière ?* ■

Prions en Église junior

LIRE L'ÉVANGILE AVEC LES ENFANTS

CE QUE JE DÉCOUVRE

Jésus apprend à prier à ses amis. Le « Notre Père » est devenu la prière de tous les chrétiens. À chaque fois que nous le disons, nous reconnaissons que nous sommes les enfants bien-aimés de Dieu. Il dépose dans nos cœurs son amour de Père. Nous lui demandons du pain, qui représente tout ce dont nous avons besoin. Nous lui demandons son pardon pour pouvoir le donner à notre tour. **Et si notre prière est insistante,** ce n'est pas parce que Dieu n'entend pas, mais **c'est pour apprendre à mettre notre cœur entre ses mains.**

CE QUE JE VIS

Qui t'a appris le « Notre Père » ? À quels moments le dis-tu ? Quand tu pries, que demandes-tu ?

Relis les paroles du Notre Père *(p. 240).* Et souligne la phrase que tu préfères.

Texte : Cédric Kuntz. Illustrations : Marcelino Truong

MÉDITATION BIBLIQUE

17E DIMANCHE DU TEMPS ORDINAIRE

Livre de la Genèse 18, 20-32

Discussion franche

La conversation avec Dieu demande le même engagement et la même proximité que celle que nous avons avec un ami avec lequel, parfois, nous ne sommes pas d'accord.

Le temps de la préparation

« Je rends grâce à ton nom
pour ton amour et ta vérité,
car tu élèves, au-dessus de tout,
ton nom et ta parole. Le jour
où tu répondis à mon appel, tu fis
grandir en mon âme la force. »
(Ps 137, 2-3)

Le temps de l'observation

Le dialogue d'Abraham avec Dieu est surréaliste. Qui oserait écrire un tel échange, où un prophète discute avec Dieu de ce qu'il devrait faire ? Plusieurs éléments doivent nous surprendre. D'abord, Dieu confie à Abraham ses intentions alors que rien ne l'y oblige. Celui-ci en profite pour « s'approcher » de Dieu, c'est-à-dire lui parler comme à un proche. Il n'hésite pas alors à le questionner sur la justesse de son attitude. Dieu ne serait pas à la hauteur de son nom s'il laissait périr les justes avec les méchants. Non seulement Abraham interpelle Dieu mais, de plus, il interroge ses réponses. La conversation tourne à la négociation. Dieu accepte, apprécie même peut-être, la franchise et l'engagement d'Abraham. Ils sont le signe que la vie des autres importe à Abraham, ainsi que d'une confiance et d'une proximité avec Dieu. C'est d'ailleurs Abraham, et non Dieu, qui met un terme à la discussion.

Le temps de la méditation

La liturgie met en parallèle cette conversation entre Dieu et Abraham et la prière du Notre Père. Cette mise en lien éclaire d'un nouveau jour la prière donnée par Jésus à ses disciples. Elle ouvre la possibilité que le Notre Père ne soit pas simplement une prière de demande gênée, comme on fait à une personne que l'on ne connaît pas et dont on craint la réaction. La prière adressée au Père peut aussi ressembler à une discussion franche et engagée, comme on le fait avec quelqu'un que l'on apprécie et que l'on essaie de convaincre du bien-fondé d'une proposition pour les hommes comme pour Dieu. Dieu peut avoir un intérêt à ce que son règne vienne et que sa volonté soit faite. Il est possible de lui demander de donner du pain aujourd'hui avec la même conviction qu'Abraham dénonçant les massacres de Sodome. Cette autre perspective suppose un autre type de proximité et d'engagement dans la relation à Dieu.

Le temps de la prière

« De tout mon cœur, Seigneur, je te rends grâce : tu as entendu les paroles de ma bouche. » (Ps 137, 1) ■

Marie-Laure Durand, bibliste

L'ÉVÉNEMENT

DU 28 JUILLET AU 3 AOÛT : JUBILÉ DES JEUNES

Comme un air de JMJ

Les jeunes de 18 à 35 ans ont aussi leur propre jubilé à Rome. L'événement, qui a lieu du 28 juillet au 3 août, rassemblera des milliers de jeunes.

« J'ai hâte de vivre un temps de prière et de louange immense, avec des jeunes du monde entier cet été », confie Alexandre Morineaux. Cet élève de terminale, futur étudiant en ingénierie, a décidé de se rendre au jubilé des jeunes, du 28 juillet au 3 août à Rome, avec quelques amis du lycée. *Ils partent* avec le diocèse de Nantes.

Comme eux, les jeunes adultes des cinq continents sont invités à venir à Rome pour vivre la démarche jubilaire. Ensemble, ils vivront une messe d'ouverture, passeront la porte sainte, pourront se confesser ou encore participer à une veillée de prière la veille du départ. La Conférence des évêques de France prévoit en outre des temps spécifiques réservés aux étudiants : c'est le projet « Ecclesia Campus ». Le groupe « Santos », regroupant les jeunes professionnels, prévoit aussi des activités particulières. Au total, 25 000 Français sont attendus sur place. N'ayant pu participer aux

D.R.

Alexandre *(le plus à droite)* et le groupe d'amis avec lequel il participe au jubilé des jeunes à Rome.

Journées mondiales de la jeunesse de Lisbonne en 2023 du fait de son jeune âge, Alexandre attend avec impatience l'événement romain. « Je souhaite vivre à mon tour une expérience de foi incroyable, et me rapprocher de Dieu, confie le jeune Nantais. Je ne vois pas comment je pourrais être déçu par le jubilé. Être avec autant de jeunes, partageant tous la même foi, réunis pour le Seigneur, pour le pape aussi, ça me réjouit d'avance ! » ■

Anne-Quitterie Jozeau, journaliste

UN NOUVEAU SAINT

Dimanche 3 août, dernier jour du jubilé des jeunes, Pier Giorgio Frassati sera canonisé. Ce jeune laïc Italien, sportif et issu d'un milieu privilégié, est reconnu pour sa foi profonde, son engagement social et sa joie. Il est mort à 24 ans, le 4 juillet 1925 d'une poliomyélite foudroyante. Il est, depuis 1977, l'un des saints patrons des Journées mondiales de la jeunesse.

LUNDI 28 JUILLET 2025

17E SEMAINE DU TEMPS ORDINAIRE COULEUR LITURGIQUE : VERT

Temps ordinaire, *suggestion d'oraisons et d'antiennes n° 29*

Antienne d'ouverture

Je t'appelle, toi, le Dieu qui répond : écoute-moi, entends ce que je dis. Garde-moi comme la prunelle de l'œil ; à l'ombre de tes ailes, cache-moi.

(Ps 16, 6.8)

Prière

Dieu éternel et tout-puissant, fais-nous toujours agir pour toi d'une volonté ardente, et servir ta gloire d'un cœur sans partage. Par Jésus… ***— Amen.***

Lecture

du livre de l'Exode (32, 15-24.30-34)

« Ce peuple a commis un grand péché : ils se sont fait des dieux en or »

En ces jours-là, Moïse redescendit de la montagne. Il portait les deux tables du Témoignage ; ces tables étaient écrites sur les deux faces ; elles étaient l'œuvre de Dieu, et l'écriture, c'était l'écriture de Dieu, gravée sur ces tables. Josué entendit le bruit et le tumulte du peuple et dit à Moïse : « Bruit de bataille dans le camp. » Moïse répliqua : « Ces bruits, ce ne sont pas des chants de victoire ni de défaite ; ce que j'entends, ce sont des cantiques qui se répondent. » Comme il approchait du camp, il aperçut le veau et les danses. Il s'enflamma de colère, il jeta les tables

qu'il portait, et les brisa au bas de la montagne. Il se saisit du veau qu'ils avaient fait, le brûla, le réduisit en poussière, qu'il répandit à la surface de l'eau. Et cette eau, il la fit boire aux fils d'Israël. Moïse dit à Aaron : « Qu'est-ce que ce peuple t'avait donc fait, pour que tu l'aies entraîné dans un si grand péché ? »
Aaron répondit : « Que mon seigneur ne s'enflamme pas de colère ! Tu sais bien que ce peuple est porté au mal ! C'est eux qui m'ont dit : "Fais-nous des dieux qui marchent devant nous. Car ce Moïse, l'homme qui nous a fait monter du pays d'Égypte, nous ne savons pas ce qui lui est arrivé." Je leur ai dit : "Ceux d'entre vous qui ont de l'or, qu'ils s'en dépouillent." Ils me l'ont donné, je l'ai jeté au feu, et il en est sorti ce veau. » Le lendemain, Moïse dit au peuple : « Vous avez commis un grand péché. Maintenant, je vais monter vers le Seigneur. Peut-être obtiendrai-je la rémission de votre péché. »
Moïse retourna vers le Seigneur et lui dit : « Hélas ! Ce peuple a commis un grand péché : ils se sont fait des dieux en or. Ah, si tu voulais enlever leur péché ! Ou alors, efface-moi de ton livre, celui que tu as écrit. » Le Seigneur répondit à Moïse : « Celui que j'effacerai de mon livre, c'est celui qui a péché contre moi. Va donc, conduis le peuple vers le lieu que je t'ai indiqué, et mon ange ira devant toi. Le jour où j'interviendrai, je les punirai de leur péché. »
– Parole du Seigneur.

Psaume 105 (106)

℟ ***Rendez grâce au Seigneur : Il est bon ! Éternel est son amour !***
OU ***Alléluia !***

À l'Horeb ils fabri_q_uent un veau,
ils adorent un obj_e_t en métal :
ils échangeaient ce qui ét_a_it leur gloire
pour l'image d'un taurea_u_, d'un ruminant. ℟

Ils oublient le Die_u_ qui les sauve,
qui a fait des prod_i_ges en Égypte,
des miracles au pa_y_s de Cham,
des actions terrifi_a_ntes sur la mer Rouge. ℟

Dieu a décid_é_ de les détruire.
C'est alors que Mo_ï_se, son élu,
surgit sur la br_è_che, devant lui,
pour empêcher que sa fure_u_r les extermine. ℟

Acclamation de l'Évangile

Alléluia. Alléluia. Le Père a voulu nous engendrer par sa parole de vérité, pour faire de nous comme les prémices de ses créatures. ***Alléluia.***

Évangile de Jésus Christ

selon saint Matthieu (13, 31-35)

« La graine de moutarde devient un arbre,
si bien que les oiseaux du ciel font leurs nids dans ses branches »

En ce temps-là, Jésus proposa aux foules une autre parabole : « Le royaume des Cieux est comparable à une graine de moutarde qu'un homme a prise et qu'il a semée dans son champ. C'est la plus petite de toutes les semences, mais, quand elle a poussé, elle dépasse les autres plantes potagères et devient un arbre, si bien que les oiseaux du ciel viennent et font leurs nids dans ses branches. » Il leur dit une autre parabole : « Le royaume des Cieux est comparable au levain qu'une femme a pris et qu'elle a enfoui dans trois mesures de farine, jusqu'à ce que toute la pâte ait levé. » Tout cela, Jésus le dit aux foules en paraboles, et il ne leur disait rien sans parabole, accomplissant ainsi la parole du prophète : *J'ouvrirai la bouche pour des paraboles, je publierai ce qui fut caché depuis la fondation du monde.*

Prière sur les offrandes

Accorde-nous, Seigneur, nous t'en prions, de te servir d'un cœur libre en te présentant ces dons ; puissions-nous, par un effet de ta grâce, être purifiés par ces mystères que nous célébrons. Par le Christ, notre Seigneur. — ***Amen.***

Antienne de la communion

Le Seigneur veille sur ceux
qui le craignent, qui mettent
leur espoir en sa miséricorde,
pour délivrer leur âme de la mort,
les nourrir aux jours de famine.
(cf. Ps 32, 18-19)

OU

Le Fils de l'homme est venu
pour donner sa vie en rançon
pour la multitude.
(cf. Mc 10, 45)

Prière après la communion
Accorde-nous, Seigneur, nous t'en prions, de progresser en participant aux réalités du ciel; ainsi, nous serons soutenus par tes bienfaits en ce temps et façonnés par ceux de l'éternité. Par le Christ, notre Seigneur. — ***Amen.***

INVITATION

Je demande au Seigneur de m'aider à porter ce qui est lourd dans ma vie.

COMMENTAIRE

Tendons l'oreille Matthieu 13, 31-35

Avons-nous l'impression que Jésus se tait ? qu'il se tient à distance de notre vie ? Mais savons-nous vraiment l'écouter ? « Il ne leur disait rien sans paraboles », précise l'évangile de ce jour. Hier comme aujourd'hui, Jésus nous parle par des images, des paraboles, des signes tirés des événements et du vaste livre du monde. À nous de *le* reconnaître et d'accueillir sa parole. ■

Bertrand Lesoing, *prêtre de la communauté Saint-Martin*

MARDI 29 JUILLET 2025

COULEUR LITURGIQUE : BLANC

Saintes Marthe, Marie et saint Lazare

Ier siècle. Les noms de Marthe, Lazare et Marie de Béthanie évoquent cette famille amie où Jésus se sentait si bien accueilli.

Antienne d'ouverture

Jésus entra dans un village.
Une femme nommée Marthe le reçut dans sa maison. (cf. Lc 10, 38)

Prière

Seigneur Dieu, ton Fils rappela à la vie Lazare qui gisait dans le tombeau, et il accepta l'hospitalité que Marthe lui offrait dans sa maison ; nous t'en prions, accorde-nous d'être fidèles à servir le Christ en nos frères et de mériter ainsi d'être nourris avec Marie par la méditation de sa parole. Lui qui… ***— Amen.***

Lectures propres à la mémoire de saintes Marthe, Marie et saint Lazare.

Lecture

de la première lettre de saint Jean (4, 7-16)

« Si nous nous aimons les uns les autres, Dieu demeure en nous »

Bien-aimés, aimons-nous les uns les autres, puisque l'amour vient de Dieu. Celui qui aime est né de Dieu et connaît Dieu. Celui qui n'aime pas n'a pas connu Dieu, car Dieu est amour.

Voici comment l'amour de Dieu s'est manifesté parmi nous : Dieu a envoyé son Fils unique dans le monde pour que nous vivions par lui. Voici en quoi consiste l'amour : ce n'est pas nous qui avons aimé Dieu, mais c'est

lui qui nous a aimés, et il a envoyé son Fils en sacrifice de pardon pour nos péchés.
Bien-aimés, puisque Dieu nous a tellement aimés, nous devons, nous aussi, nous aimer les uns les autres. Dieu, personne ne l'a jamais vu. Mais si nous nous aimons les uns les autres, Dieu demeure en nous, et, en nous, son amour atteint la perfection. Voici comment nous reconnaissons que nous demeurons en lui et lui en nous : il nous a donné part à son Esprit. Quant à nous, nous avons vu et nous attestons que le Père a envoyé son Fils comme Sauveur du monde. Celui qui proclame que Jésus est le Fils de Dieu, Dieu demeure en lui, et lui en Dieu. Et nous, nous avons reconnu l'amour que Dieu a pour nous, et nous y avons cru. Dieu est amour : qui demeure dans l'amour demeure en Dieu, et Dieu demeure en lui.
– Parole du Seigneur.

Psaume 33

℟ ***Je bénirai le Seigneur en tout temps.***
OU ***Goûtez et voyez comme est bon le Seigneur.***

Je bénirai le Seigneur en tout temps,
sa louange sans cesse à mes lèvres.
Je me glorifierai dans le Seigneur :
que les pauvres m'entendent et soient en fête ! ℟

Magnifiez avec moi le Seigneur,
exaltons tous ensemble son nom.
Je cherche le Seigneur, il me répond :
de toutes mes frayeurs, il me délivre. ℟

Qui regarde vers lui resplendira,
sans ombre ni trouble au visage.
Un pauvre crie ; le Seigneur entend :
il le sauve de toutes ses angoisses. ℟

L'ange du Seigneur campe alentour
pour libérer ceux qui le craignent.
Goûtez et voyez : le Seigneur est bon !
Heureux qui trouve en lui
son refuge ! ℟

Saints du Seigneur, adorez-le :
rien ne manque à ceux qui le craignent.
Des riches ont tout perdu, ils ont faim ;
qui cherche le Seigneur
ne manquera d'aucun bien. ℟

Acclamation de l'Évangile

Alléluia. Alléluia. Moi, je suis la lumière du monde, dit le Seigneur. Celui qui me suit aura la lumière de la vie. ***Alléluia.***

Évangile de Jésus Christ

selon saint Jean (11, 19-27)

« Je crois que tu es le Christ, le Fils de Dieu »

En ce temps-là, beaucoup de Juifs étaient venus réconforter Marthe et Marie au sujet de leur frère. Lorsque Marthe apprit l'arrivée de Jésus, elle partit à sa rencontre, tandis que Marie restait assise à la maison. Marthe dit à Jésus : « Seigneur, si tu avais été ici, mon frère ne serait pas mort. Mais maintenant encore, je le sais, tout ce que tu demanderas à Dieu, Dieu te l'accordera. » Jésus lui dit : « Ton frère ressuscitera. » Marthe reprit : « Je sais qu'il ressuscitera à la résurrection, au dernier jour. » Jésus lui dit : « Moi, je suis la résurrection et la vie. Celui qui croit en moi, même s'il meurt, vivra ; quiconque vit et croit en moi ne mourra jamais. Crois-tu cela ? » Elle répondit : « Oui, Seigneur, je le crois : tu es le Christ, le Fils de Dieu, tu es celui qui vient* dans le monde. »

On peut aussi lire Luc 10, 38-42.

Prière sur les offrandes

Nous proclamons tes merveilles, accomplies pour tes bienheureux amis, Seigneur, Dieu de majesté, et nous te supplions humblement : toi qui appréciais le dévouement de leur charité, accepte l'hommage de notre service. Par le Christ, notre Seigneur. **— *Amen.***

Antienne de la communion

Marthe dit à Jésus :
« Tu es le Christ,
le Fils du Dieu vivant,
celui qui vient dans le monde. »
(Jn 11, 27)

Prière après la communion

Seigneur, que la communion au Corps et au Sang de ton Fils unique nous détache des réalités passagères ; ainsi nous serons capables, à l'exemple des bienheureux Marthe, Marie et Lazare, de te servir sur la terre par une vraie charité et de connaître au ciel la joie de te contempler sans fin. Par le Christ, notre Seigneur. **— *Amen.***

INVITATION

Lazare compte pour Jésus. En cette période estivale, je choisis quelqu'un à qui j'adresse un message (e-mail, SMS…) pour lui dire combien il compte pour moi.

COMMENTAIRE

Dans le tumulte

Jean 11, 19-27

Jésus arrive à Béthanie, mais il est trop tard, Lazare est mort. En cette heure sombre, Marthe est assaillie de sentiments contraires : elle est tout à la fois celle qui s'indigne et celle qui s'émerveille, celle qui se décourage et celle qui espère, celle qui doute et celle qui croit. Et dans ce tumulte intérieur jaillit une intuition : dans l'épreuve, c'est du côté du Christ seul que peut jaillir une lumière. « Oui, Seigneur, je le crois : tu es le Christ, le Fils de Dieu. » ■

Bertrand Lesoing, prêtre de la communauté Saint-Martin

✲ CLÉ DE LECTURE

« Celui qui vient »

Jean 11, 27 *(p. 203)*

Par deux fois, chez Matthieu et chez Luc, Jésus est désigné comme « celui qui vient » : il est le Messie que le peuple espère et attend et qu'il reconnaît enfin lors de sa dernière entrée à Jérusalem (Lc 7, 20 ; 19, 38). Plus fréquemment chez Jean, Jésus est reconnu comme celui dont doit venir le salut. Fondée sur une vision d'Habacuq (cf. Ha 2, 3), l'expression affirme que la victoire sur l'ennemi et le salut sont proches et elle souligne la nécessité de veiller sans relâche. L'Apocalypse enfin, qui désigne Dieu comme « Celui qui est, qui était et qui vient » (Ap 1, 4), révèle que Jésus, dans son humanité, est celui qui est venu au nom de Dieu, mais aussi qu'il continue de venir, car, tout au long de l'histoire, son Esprit nous précède et nous accompagne. ■

Roselyne Dupont-Roc, bibliste

MERCREDI 30 JUILLET 2025

17E SEMAINE DU TEMPS ORDINAIRE COULEUR LITURGIQUE : VERT

Temps ordinaire, *suggestion d'oraisons et d'antiennes n° 30*
ou **saint Pierre Chrysologue**

Antienne d'ouverture

Joie pour les cœurs qui cherchent Dieu.
Cherchez le Seigneur, et vous serez affermis,
recherchez sans trêve sa face. (cf. Ps 104, 3-4)

Prière

Dieu éternel et tout-puissant, augmente en nous la foi, l'espérance et la charité ; et pour que nous puissions obtenir ce que tu promets, fais-nous aimer ce que tu commandes. Par Jésus… ***— Amen.***

Lecture

du livre de l'Exode (34, 29-35)

« Ils virent arriver Moïse : son visage rayonnait. Ils n'osaient pas s'approcher »

Lorsque Moïse descendit de la montagne du Sinaï, ayant en mains les deux tables du Témoignage, il ne *savait pas* que son visage rayonnait de lumière depuis qu'il avait parlé avec le Seigneur. Aaron et tous les fils d'Israël virent arriver Moïse : son visage rayonnait. Comme ils n'osaient pas s'approcher, Moïse les appela. Aaron et tous les chefs de la communauté vinrent alors vers lui, et il leur adressa la parole. Ensuite, tous les fils d'Israël s'approchèrent, et il leur transmit tous les ordres que le Seigneur lui avait donnés sur la montagne du Sinaï. Quand il eut fini de leur parler, il mit un voile sur son visage. Et, lorsqu'il se présentait devant le Seigneur pour parler avec lui, il enlevait son voile jusqu'à ce qu'il soit sorti. Alors, il transmettait aux fils d'Israël les ordres qu'il avait reçus, et les fils d'Israël voyaient rayonner son visage. Puis il remettait le voile sur son visage jusqu'à ce qu'il rentre pour parler avec le Seigneur.

– Parole du Seigneur.

Psaume 98 (99)

℟ ***Tu es saint, Seigneur notre Dieu !***

Exaltez le Seigneur notre Dieu,
prosternez-vous au pied de son trône,
car il est saint ! ℟

Moïse et le prêtre Aaron, Samuel, le Suppliant,
tous, ils suppliaient le Seigneur,
et lui leur répondait. ℟

Dans la colonne de nuée, il parlait avec eux ;
ils ont gardé ses volontés,
les lois qu'il leur donna. ℟

Exaltez le Seigneur notre Dieu,
prosternez-vous devant sa sainte montagne,
car il est saint, le Seigneur notre Dieu. ℟

Acclamation de l'Évangile

Alléluia. Alléluia. Je vous appelle mes amis, dit le Seigneur, car tout ce que j'ai entendu de mon Père, je vous l'ai fait connaître. ***Alléluia.***

Évangile de Jésus Christ

selon saint Matthieu (13, 44-46)

« Il va vendre tout ce qu'il possède, et il achète ce champ »

En ce temps-là, Jésus disait aux foules : « Le royaume des Cieux est comparable à un trésor caché dans un champ ; l'homme qui l'a découvert le cache de nouveau. Dans sa joie, il va vendre tout ce qu'il possède, et il achète ce champ. Ou encore : Le royaume des Cieux est comparable à un négociant qui recherche des perles fines. Ayant trouvé une perle de grande valeur, il va vendre tout ce qu'il possède, et il achète la perle. »

Prière sur les offrandes

Regarde les présents que nous t'offrons, nous t'en prions, Seigneur, Dieu de majesté : permets que notre célébration soit d'abord tournée vers ta gloire. Par le Christ, notre Seigneur. — ***Amen.***

Antienne de la communion

*N*ous trouverons la joie en ton salut,
et la grandeur dans le nom
de notre Dieu.
(cf. Ps 19, 6)

OU

Le Christ nous a aimés et s'est livré lui-même pour nous, s'offrant en sacrifice à Dieu, comme un parfum d'agréable odeur. (Ep 5, 2)

Prière après la communion

Que tes sacrements, Seigneur, nous t'en prions, achèvent de produire en nous ce qu'ils contiennent ; puissions-nous saisir dans sa pleine vérité ce que notre célébration préfigure aujourd'hui. Par le Christ, notre Seigneur. — ***Amen.***

INVITATION

Un peu de mon temps, un peu d'argent, un sourire…
Je décide de donner quelque chose aujourd'hui.

COMMENTAIRE

Le coût de l'Évangile Matthieu 13, 44-46

Il nous en coûte de vivre selon l'Évangile et cela nous étonne ? Jésus pourtant nous a prévenus : le royaume des Cieux est comme un trésor ou une perle précieuse, il a un coût. Accueillir en notre vie les semences du Royaume implique toujours une forme de détachement, de dépouillement. Cet appauvrissement par le don de notre temps et de notre énergie peut être une vraie source de joie. ■

Bertrand Lesoing, *prêtre de la communauté Saint-Martin*

JEUDI 31 JUILLET 2025

17E SEMAINE DU TEMPS ORDINAIRE COULEUR LITURGIQUE : BLANC

Saint Ignace de Loyola

1491-1556. Fondateur de la Compagnie de Jésus. Ses Exercices spirituels *tracent un chemin à qui veut consacrer sa vie à la gloire de Dieu. Canonisé en 1622.*

Antienne d'ouverture

Au nom de Jésus, que tout genou fléchisse au ciel, sur terre et aux enfers, et que toute langue proclame : « Jésus Christ est Seigneur » à la gloire de Dieu le Père. (cf. Ph 2, 10-11)

Prière

Seigneur Dieu, pour que rayonne la plus grande gloire de ton nom, tu as suscité dans ton Église saint Ignace de Loyola ; fais qu'avec son aide et à son exemple, après avoir combattu sur la terre, nous partagions sa victoire dans le ciel. Par Jésus… — ***Amen.***

Lecture

du livre de l'Exode (40, 16-21.34-38)

« La nuée couvrit la tente de la Rencontre, et la gloire du Seigneur remplit la Demeure »

En ces jours-là, Moïse exécuta tout ce que le Seigneur lui avait ordonné. La demeure de Dieu fut érigée la deuxième année après la sortie d'Égypte, le premier jour du premier mois. Moïse érigea ainsi la Demeure : il en posa les bases, les poutres et les traverses, et il dressa les colonnes. Au-dessus de la Demeure, il déploya la Tente et la recouvrit comme le Seigneur le lui avait ordonné. Il prit le Témoignage et le déposa dans l'arche. Il mit à l'arche ses barres et la recouvrit de la plaque d'or appelée

(1) Je confesse à Dieu tout-puissant, je reconnais devant vous, frères et sœurs, que j'ai péché en pensée, en parole, par action et par omission ; oui, j'ai vraiment péché. C'est pourquoi je supplie la bienheureuse Vierge Marie, les anges et tous les saints, et vous aussi, frères et sœurs, de prier pour moi le Seigneur notre Dieu.

(2) Prends pitié de nous, Seigneur. ***– Nous avons péché contre toi.***
Montre-nous, Seigneur, ta miséricorde. ***– Et donne-nous ton salut.***

(3) Seigneur Jésus, envoyé pour guérir les cœurs qui reviennent vers toi :
Seigneur, prends pitié. ***– Seigneur, prends pitié.***
Ô Christ, venu appeler les pécheurs : ô Christ, prends pitié.
– Ô Christ, prends pitié.
Seigneur, qui sièges à la droite du Père où tu intercèdes pour nous :
Seigneur, prends pitié. ***– Seigneur, prends pitié.***

Que Dieu tout-puissant nous fasse miséricorde ; qu'il nous pardonne nos péchés et nous conduise à la vie éternelle. ***– Amen.***

Ensuite, on chante ou on dit le Kyrie eleison (Seigneur, prends pitié), à moins qu'il n'ait été déjà employé dans une formule de l'acte pénitentiel (c'est le cas de la précédente).

Kyrie, eleison. ***– Kyrie, eleison.***
Christe, eleison. ***– Christe, eleison.***
Kyrie, eleison. ***– Kyrie, eleison.***
ou bien : Seigneur, prends pitié. ***– Seigneur, prends pitié.***
Ô Christ, prends pitié. ***– Ô Christ, prends pitié.***
Seigneur, prends pitié. ***– Seigneur, prends pitié.***

Gloire à Dieu

Gloire à Dieu, au plus haut des cieux, et paix sur la terre aux hommes,
qu'il aime. Nous te louons, nous te bénissons, nous t'adorons,
nous te glorifions, nous te rendons grâce, pour ton immense gloire,
Seigneur Dieu, Roi du ciel, Dieu le Père tout-puissant.
Seigneur, Fils unique, Jésus Christ, Seigneur Dieu,
Agneau de Dieu, le Fils du Père ;
toi qui enlèves les péchés du monde, prends pitié de nous ;
toi qui enlèves les péchés du monde, reçois notre prière ;
toi qui es assis à la droite du Père, prends pitié de nous.
Car toi seul es Saint, toi seul es Seigneur, toi seul es le Très-Haut :
Jésus Christ, avec le Saint-Esprit dans la gloire de Dieu le Père. Amen.

Gloria in excelsis Deo et in terra pax hominibus bonæ voluntatis. Laudamus te, benedicimus te, adoramus te, glorificamus te, gratias agimus tibi propter magnam gloriam tuam, Domine Deus, Rex cælestis, Deus Pater omnipotens. Domine Fili unigenite, Iesu Christe, Domine Deus, Agnus Dei, Filius Patris, qui tollis peccata mundi, miserere nobis ; qui tollis peccata mundi, suscipe deprecationem nostram.
Qui sedes ad dexteram Patris, miserere nobis.
Quoniam tu solus Sanctus, tu solus Dominus, tu solus Altissimus,
Iesu Christe, cum Sancto Spiritu : in gloria Dei Patris. Amen.

Prière d'ouverture

Voir à la date du jour.

LITURGIE DE LA PAROLE

Voir à la date du jour.

Profession de foi

Symbole de Nicée-Constantinople

Je crois en un seul Dieu, le Père tout-puissant,
créateur du ciel et de la terre, de l'univers visible et invisible.
Je crois en un seul Seigneur, Jésus Christ, le Fils unique de Dieu,
né du Père avant tous les siècles : il est Dieu, né de Dieu,
lumière née de la lumière, vrai Dieu, né du vrai Dieu,
engendré, non pas créé, consubstantiel au Père, et par lui tout a été fait.
Pour nous les hommes, et pour notre salut, il descendit du ciel ;
par l'Esprit Saint, il a pris chair de la Vierge Marie, et s'est fait homme.
Crucifié pour nous sous Ponce Pilate,
il souffrit sa passion et fut mis au tombeau.
Il ressuscita le troisième jour, conformément aux Écritures,
et il monta au ciel ; il est assis à la droite du Père.
Il reviendra dans la gloire, pour juger les vivants et les morts ;
et son règne n'aura pas de fin.
Je crois en l'Esprit Saint, qui est Seigneur et qui donne la vie ;
il procède du Père et du Fils ; avec le Père et le Fils,
il reçoit même adoration et même gloire ; il a parlé par les prophètes.
Je crois en l'Église, une, sainte, catholique et apostolique.
Je reconnais un seul baptême pour le pardon des péchés.
J'attends la résurrection des morts, et la vie du monde à venir. Amen.

Credo in unum Deum, Patrem omnipotentem,
Factorem cœli et terræ, visibilium omnium et invisibilium.
Et in unum Dominum Iesum Christum, Filium Dei unigenitum,
et ex Patre natum ante omnia sæcula.
Deum de Deo, lumen de lumine, Deum verum de Deo vero, genitum,
non factum, consubstantialem Patri : per quem omnia facta sunt.
Qui propter nos homines et propter nostram salutem descendit de cælis.
Et incarnatus est de Spiritu Sancto ex Maria Virgine, et homo factus est.
Crucifixus etiam pro nobis sub Pontio Pilato ;
passus et sepultus est, et resurrexit tertia die, secundum Scripturas,
et ascendit in cælum, sedet ad dexteram Patris.
Et iterum venturus est cum gloria, iudicare vivos et mortuos,
cuius regni non erit finis.
Et in Spiritum Sanctum, Dominum et vivificantem :
qui ex Patre Filioque procedit.
Qui cum Patre et Filio simul adoratur et conglorificatur :
qui locutus est per prophetas.
Et unam, sanctam, catholicam et apostolicam Ecclesiam.
Confiteor unum baptisma in remissionem peccatorum.
Et exspecto resurrectionem mortuorum, et vitam venturi sæculi.
Amen.

Symbole des Apôtres

Je crois en Dieu, le Père tout-puissant, créateur du ciel et de la terre.
Et en Jésus Christ, son Fils unique, notre Seigneur,
qui a été conçu du Saint-Esprit, est né de la Vierge Marie,
a souffert sous Ponce Pilate, a été crucifié, est mort et a été enseveli,
est descendu aux enfers, le troisième jour est ressuscité des morts,
est monté aux cieux, est assis à la droite de Dieu le Père tout-puissant,
d'où il viendra juger les vivants et les morts.
Je crois en l'Esprit Saint, à la sainte Église catholique,
à la communion des saints, à la rémission des péchés,
à la résurrection de la chair, à la vie éternelle. Amen.

Prière universelle

LITURGIE EUCHARISTIQUE

Préparation des dons

Tu es béni, Seigneur, Dieu de l'univers : nous avons reçu de ta bonté le pain que nous te présentons, fruit de la terre et du travail des hommes ; il deviendra pour nous le pain de la vie. ***—Béni soit Dieu, maintenant et toujours !***

Comme cette eau se mêle au vin pour le sacrement de l'Alliance, puissions-nous être unis à la divinité de celui qui a voulu prendre notre humanité.

Tu es béni, Seigneur, Dieu de l'univers : nous avons reçu de ta bonté le vin que nous te présentons, fruit de la vigne et du travail des hommes ; il deviendra pour nous le vin du Royaume éternel.

—Béni soit Dieu, maintenant et toujours !

Le cœur humble et contrit, nous te supplions, Seigneur, accueille-nous : que notre sacrifice, en ce jour, trouve grâce devant toi, Seigneur notre Dieu. Lave-moi de mes fautes, Seigneur, et purifie-moi de mon péché.

Prière sur les offrandes

Priez, frères et sœurs : que mon sacrifice, qui est aussi le vôtre, soit agréable à Dieu le Père tout-puissant.

— Que le Seigneur reçoive de vos mains ce sacrifice à la louange et à la gloire de son nom, pour notre bien et celui de toute l'Église.

Ou bien :

Prions ensemble, au moment d'offrir le sacrifice de toute l'Église.

— Pour la gloire de Dieu et le salut du monde.

Prière eucharistique

Le Seigneur soit avec vous.

— Et avec votre esprit.

Élevons notre cœur.

— Nous le tournons vers le Seigneur.

Rendons grâce au Seigneur notre Dieu.

— Cela est juste et bon.

Préfaces

5e préface des dimanches

La Création

Vraiment, il est juste et bon, pour ta gloire et notre salut, de t'offrir notre action de grâce, toujours et en tout lieu, Seigneur, Père très saint, Dieu éternel et tout-puissant. Toi, le Créateur de tous les éléments du monde, Maître des temps et de l'histoire, tu as formé l'homme à ton image et lui as soumis l'univers et ses merveilles ; tu lui as confié ta création afin qu'il en soit le gardien et qu'en admirant ton œuvre il ne cesse de te rendre grâce, par le Christ, notre Seigneur. C'est pourquoi nous te louons avec tous les anges et, dans la joie, nous te célébrons en proclamant :

Saint ! Saint ! Saint...

6e préface des dimanches

Les arrhes de la Pâque éternelle

Vraiment, il est juste et bon, pour ta gloire et notre salut, de t'offrir notre action de grâce, toujours et en tout lieu, Seigneur, Père très saint, Dieu éternel et tout-puissant. C'est en toi que nous sont donnés la vie, le mouvement et l'être ; dans notre corps, nous éprouvons chaque jour les effets de ta tendresse, et nous avons déjà la promesse de la vie éternelle : nous avons reçu les premiers dons de l'Esprit par qui tu as ressuscité Jésus d'entre les morts, et nous tenons cette espérance que vive à jamais en nous le mystère de Pâques. C'est pourquoi nous te louons avec tous les anges et, dans la joie, nous te célébrons en proclamant :

Saint ! Saint ! Saint...

2e préface commune

Le salut par le Christ

Vraiment, il est juste et bon, pour ta gloire et notre salut, de t'offrir notre action de grâce, toujours et en tout lieu, Seigneur, Père très saint, Dieu éternel et tout-puissant. Dans ta bonté, tu as créé l'homme ; et, comme il avait mérité la condamnation, tu l'as racheté dans ta miséricorde, par le Christ, notre Seigneur. Par lui, les anges célèbrent ta grandeur, et les esprits bienheureux adorent ta gloire ; par lui s'inclinent devant toi les puissances d'en haut, et tressaillent d'une même allégresse les innombrables créatures des cieux. À leur hymne de louange, laisse-nous joindre nos voix pour chanter et proclamer :

Saint ! Saint ! Saint...

3e préface commune

Louange à Dieu pour la Création et la régénération de l'homme

Vraiment, il est juste et bon, pour ta gloire et notre salut, de t'offrir notre action de grâce, toujours et en tout lieu, Seigneur, Père très saint, Dieu éternel et tout-puissant. C'est par ton Fils bien-aimé que tu as formé le genre humain ; et c'est encore par lui que, dans ta grande bonté, tu le renouvelles. Voilà pourquoi toutes les créatures te servent, le peuple que tu as racheté célèbre ta louange, les saints te bénissent d'un seul cœur. Et déjà nous pouvons te louer avec tous les anges, et, dans la joie, nous ne cessons de proclamer :

Saint ! Saint ! Saint...

4e préface commune

La louange, don de Dieu

Vraiment, il est juste et bon, pour ta gloire et notre salut, de t'offrir notre action de grâce, toujours et en tout lieu, Seigneur, Père très saint, Dieu éternel et tout-puissant. Tu n'as pas besoin de notre louange, et pourtant c'est toi qui nous donnes de répondre à tes bienfaits en te rendant grâce : nos chants n'ajoutent rien à ce que tu es, mais nous font progresser vers le salut, par le Christ notre Seigneur. C'est pourquoi, unissant nos voix à celles des anges, nous te louons dans la joie en proclamant :

Saint ! Saint ! Saint...

2e préface de la Vierge Marie

L'Église loue Dieu avec les paroles de Marie

Vraiment, Père très saint, il est juste et bon, pour ta gloire et notre salut, de te proclamer admirable dans le triomphe de tous les saints, et, plus encore, de dire la grandeur de ta bonté pour fêter la bienheureuse Vierge Marie, en reprenant son cantique d'action de grâce. Oui, tu as fait des merveilles pour la terre entière et tu as étendu ta miséricorde à tous les âges, en choisissant ton humble servante pour donner au monde le Sauveur, ton Fils, le Seigneur Jésus Christ. Par lui, les anges adorent ta majesté et se réjouissent en ta présence à jamais. À leur hymne de louange, laisse-nous joindre nos voix pour chanter et proclamer : ***Saint ! Saint ! Saint...***

1re préface des Apôtres

Les Apôtres, pasteurs du peuple de Dieu

Vraiment, il est juste et bon, pour ta gloire et notre salut, de t'offrir notre action de grâce, toujours et en tout lieu, Seigneur, Père très saint, Dieu éternel et tout-puissant. Tu n'abandonnes pas ton troupeau, Pasteur éternel, mais tu le gardes par les bienheureux Apôtres sous ta constante protection, pour qu'il soit dirigé par ceux-là mêmes que tu as établis à sa tête comme pasteurs au nom de ton Fils. C'est pourquoi, avec les anges et les archanges, avec les puissances d'en haut et tous les esprits bienheureux, nous chantons l'hymne de ta gloire et sans fin nous proclamons :

Saint ! Saint ! Saint...

2e préface des saints

Le rôle des saints

Vraiment, il est juste et bon, pour ta gloire et notre salut, de t'offrir notre action de grâce, toujours et en tout lieu, Seigneur, Père très saint, Dieu éternel et tout-puissant, par le Christ, notre Seigneur. Tu ne cesses de fortifier ton Église, et tu lui donnes une fécondité nouvelle par la foi admirable dont témoignent les saints ; tu nous présentes en eux des signes très sûrs de ton amour. Et pour que s'accomplissent les mystères du salut, le rayonnement de leur exemple nous stimule, et leur intercession fervente nous assure un appui. C'est pourquoi, avec les anges et tous les saints, nous te louons, Seigneur, et nous exultons de joie en proclamant :

Saint ! Saint ! Saint…

1re préface des saints martyrs

Signification et valeur exemplaire du martyre

Vraiment, il est juste et bon, pour ta gloire et notre salut, de t'offrir notre action de grâce, toujours et en tout lieu, Seigneur, Père très saint, Dieu éternel et tout-puissant. Nous reconnaissons un signe éclatant de ta grâce dans le martyre de saint (de sainte, des saints, des saintes) N. ; en répandant son (leur) propre sang comme le Christ, il a (elle a, ils ont, elles ont) glorifié ton nom. C'est ta puissance qui se déploie dans la faiblesse quand tu donnes à des êtres fragiles de te rendre témoignage par le Christ, notre Seigneur. C'est pourquoi, avec les puissances des cieux, nous pouvons te bénir sur la terre et t'adorer sans fin en proclamant :

Saint ! Saint ! Saint…

Préface des saints pasteurs

La présence des saints pasteurs dans l'Église

Vraiment, il est juste et bon, pour ta gloire et notre salut, de t'offrir notre action de grâce, toujours et en tout lieu, Seigneur, Père très saint, Dieu éternel et tout-puissant, par le Christ, notre Seigneur. Tu donnes à ton Église de se réjouir en la fête de saint (des saints) N. : par l'exemple qu'il a (qu'ils ont) donné, tu nous encourages, par son (leur) enseignement, tu nous éclaires, à sa (leur) prière, tu veilles sur nous. C'est pourquoi, avec la multitude des anges et des saints, nous chantons l'hymne de ta gloire et sans fin nous proclamons : ***Saint ! Saint ! Saint...***

Préface des saintes vierges, et des saints religieux ou religieuses

Signification de la vie consacrée

Vraiment, il est juste et bon, pour ta gloire et notre salut, de t'offrir notre action de grâce, toujours et en tout lieu, Seigneur, Père très saint, Dieu éternel et tout-puissant. Nous célébrons les prévenances de ton amour pour tant d'hommes et de femmes parvenus à la sainteté en se donnant au Christ à cause du royaume des Cieux. Par ce mystère d'alliance, tu veux que notre condition humaine retrouve sa splendeur première, et que, dès ici-bas, nous ayons un avant-goût des biens que tu nous donneras dans le monde à venir. C'est pourquoi, avec les saints et tous les anges, nous te louons et sans fin nous proclamons :

Saint ! Saint ! Saint, le Seigneur,
Dieu de l'univers !
Le ciel et la terre sont remplis de ta gloire.
Hosanna au plus haut des cieux.
Béni soit celui qui vient
au nom du Seigneur.
Hosanna au plus haut des cieux.

Sanctus, Sanctus, Sanctus
Dominus Deus Sabaoth.
Pleni sunt cœli et terra gloria tua.
Hosanna in excelsis.
Benedictus qui venit in nomine Domini.
Hosanna in excelsis.

• *Prière eucharistique* **1**
« Toi, Père très aimant... » .... p. 226
• *Prière eucharistique* **2**
« Toi qui es vraiment saint... » .... p. 230
• *Prière eucharistique* **3**
« Tu es vraiment saint... » .... p. 233
• *Prière eucharistique* **4**
« Père très saint... » .... p. 236

Prière eucharistique n° 1

(Préfaces : p. 221)

Toi, Père très aimant, nous te prions et te supplions par Jésus Christ, ton Fils, notre Seigneur, d'accepter et de bénir + ces dons, ces offrandes, sacrifice pur et saint, que nous te présentons avant tout pour ta sainte Église catholique : accorde-lui la paix et protège-la, daigne la rassembler dans l'unité et la gouverner par toute la terre ; nous les présentons en union avec ton serviteur notre pape N., notre évêque N., et tous ceux qui gardent fidèlement la foi catholique reçue des Apôtres.

Souviens-toi, Seigneur, de tes serviteurs et de tes servantes (de N. et de N.), et de tous ceux qui sont ici réunis, dont tu connais la foi et l'attachement. Nous t'*offrons pour* eux, ou ils t'offrent pour eux-mêmes et tous les leurs ce sacrifice de louange, pour leur propre rédemption, pour la paix, et le salut qu'ils espèrent ; ils te rendent cet hommage, à toi, Dieu éternel, vivant et vrai.

(1) **En semaine :**

• Unis dans une même communion, vénérant d'abord la mémoire de la bienheureuse Marie toujours vierge, Mère de notre Dieu et Seigneur, Jésus Christ, •••

(2) **Le dimanche :**

• Unis dans une même communion, nous célébrons le jour où le Christ est ressuscité d'entre les morts ; et vénérant d'abord la mémoire de la bienheureuse Marie toujours vierge, Mère de notre Dieu et Seigneur, Jésus Christ, •••

••• et celle de saint Joseph, son époux, des bienheureux Apôtres et martyrs Pierre et Paul, André, [Jacques et Jean, Thomas, Jacques et Philippe, Barthélemy et Matthieu, Simon et Jude, Lin, Clet, Clément, Sixte, Corneille et

Cyprien, Laurent, Chrysogone, Jean et Paul, Côme et Damien,] et de tous les saints, nous t'en supplions : accorde-nous, par leur prière et leurs mérites, d'être toujours et partout, forts de ton secours et de ta protection. [Par le Christ, notre Seigneur. Amen.]

Voici donc l'offrande que nous présentons devant toi, nous, tes serviteurs, et ta famille entière : Seigneur, dans ta bienveillance, accepte-la. Assure toi-même la paix de notre vie, arrache-nous à la damnation éternelle et veuille nous admettre au nombre de tes élus. [Par le Christ, notre Seigneur. Amen.]

Seigneur Dieu, nous t'en prions, daigne bénir et accueillir cette offrande, accepte-la pleinement, rends-la parfaite et digne de toi : qu'elle devienne pour nous le corps et le sang de ton Fils bien-aimé, Jésus, le Christ, notre Seigneur.

La veille de sa passion, il prit le pain dans ses mains très saintes et, les yeux levés au ciel, vers toi, Dieu, son Père tout-puissant, en te rendant grâce il dit la bénédiction, il rompit le pain, et le donna à ses disciples, en disant : « **Prenez, et buvez-en tous** : ceci est mon corps livré pour vous. »
De même, après le repas, il prit cette coupe incomparable dans ses mains très saintes ; et, te rendant grâce à nouveau, il dit la bénédiction, et donna la coupe à ses disciples, en disant : « **Prenez, et buvez-en tous,** car ceci est la coupe de mon sang, le sang de l'Alliance nouvelle et éternelle, qui sera versé pour vous et pour la multitude en rémission des péchés. Vous ferez cela en mémoire de moi. »

(1) Il est grand, le mystère de la foi :
— Nous annonçons ta mort, Seigneur Jésus, nous proclamons ta résurrection, nous attendons ta venue dans la gloire.

Prière eucharistique n° 1

(2) Acclamons le mystère de la foi :
— Quand nous mangeons ce pain et buvons à cette coupe, nous annonçons ta mort, Seigneur ressuscité, et nous attendons que tu viennes.

(3) Qu'il soit loué, le mystère de la foi :
— Sauveur du monde, sauve-nous ! Par ta croix et ta résurrection, tu nous as libérés.

ou : Proclamons le mystère de la foi :
— Gloire à toi qui étais mort, gloire à toi qui es vivant, notre Sauveur et notre Dieu : viens, Seigneur Jésus !

Mysterium fidei.
(1) *– Mortem tuam annuntiamus, Domine, et tuam resurrectionem confitemur, donec venias.*

(2) *– Quotiescumque manducamus panem hunc et calicem bibimus, mortem tuam annuntiamus, Domine, donec venias.*

(3) *– Salvator mundi, salva nos, qui per crucem et resurrectionem tuam liberasti nos.*

Voilà pourquoi nous, tes serviteurs, et ton peuple saint avec nous, faisant mémoire de la passion bienheureuse de ton Fils, Jésus, le Christ, notre Seigneur, de sa résurrection du séjour des morts et de sa glorieuse ascension dans le ciel, nous te présentons, Dieu de gloire et de majesté, cette offrande prélevée sur les biens que tu nous donnes, le sacrifice pur et saint, le sacrifice parfait, pain de la vie éternelle et coupe du salut. Et comme il t'a plu d'accueillir les présents de ton serviteur Abel le Juste, le sacrifice d'Abraham, notre père dans la foi, et celui que t'offrit Melkisédek, ton grand prêtre, oblation sainte et immaculée, regarde ces offrandes avec amour et, dans ta bienveillance, accepte-les. Nous t'en supplions, Dieu tout-puissant : qu'elles

Prière eucharistique n° 2

Au moment d'être livré et d'entrer librement dans sa passion, il prit le pain, il rendit grâce, il le rompit et le donna à ses disciples, en disant :
« **Prenez, et mangez-en tous** : ceci est mon corps livré pour vous. »
De même, après le repas, il prit la coupe ; de nouveau il rendit grâce, et la donna à ses disciples, en disant :
« **Prenez, et buvez-en tous**, car ceci est la coupe de mon sang, le sang de l'Alliance nouvelle et éternelle, qui sera versé pour vous et pour la multitude en rémission des péchés. Vous ferez cela en mémoire de moi. »

(1) Il est grand, le mystère de la foi :
— Nous annonçons ta mort, Seigneur Jésus, nous proclamons ta résurrection, nous attendons ta venue dans la gloire.

(2) Acclamons le mystère de la foi :
— Quand nous mangeons ce pain et buvons à cette coupe, nous annonçons ta mort, Seigneur ressuscité, et nous attendons que tu viennes.

(3) Qu'il soit loué, le mystère de la foi :
— Sauveur du monde, sauve-nous ! Par ta croix et ta résurrection, tu nous as libérés.
ou :
Proclamons le mystère de la foi :
— Gloire à toi qui étais mort, gloire à toi qui es vivant, notre Sauveur et notre Dieu : viens, Seigneur Jésus !
(Voir p. 228 pour la version latine.)

En faisant ainsi mémoire de la mort et de la résurrection de ton Fils, nous t'offrons, Seigneur, le pain de la vie et la coupe du salut, et nous te rendons grâce, car tu nous as estimés dignes de nous tenir devant toi pour te servir. Humblement, nous te demandons qu'en ayant part au corps et au sang du Christ, nous soyons rassemblés par l'Esprit Saint en un seul corps.

Prière eucharistique nº 2

Souviens-toi, Seigneur, de ton Église répandue à travers le monde : fais-la grandir dans ta charité en union avec notre pape N., notre évêque N., et tous les évêques, les prêtres et les diacres.

Souviens-toi aussi de nos frères et sœurs qui se sont endormis dans l'espérance de la résurrection, et souviens-toi, dans ta miséricorde, de tous les défunts : accueille-les dans la lumière de ton visage.

Sur nous tous enfin, nous implorons ta bonté : permets qu'avec la Vierge Marie, la bienheureuse Mère de Dieu, avec saint Joseph, son époux, les Apôtres et tous les saints qui ont fait ta joie au long des âges, nous ayons part à la vie éternelle et que nous chantions ta louange et ta gloire, par ton Fils Jésus, le Christ.

Par lui, avec lui et en lui, à toi, Dieu le Père tout-puissant, dans l'unité du Saint-Esprit, tout honneur et toute gloire, pour les siècles des siècles.

— Amen.

Vient ensuite le rite de la communion, p. 240.

Prière eucharistique nº 3

(Préfaces : p. 221)

Tu es vraiment saint, Dieu de l'univers, et il est juste que toute la création proclame ta louange, car c'est toi qui donnes la vie, c'est toi qui sanctifies toutes choses, par ton Fils, Jésus Christ, notre Seigneur, avec la puissance de l'Esprit Saint ; et tu ne cesses de rassembler ton peuple, afin que, du levant au couchant du soleil, une offrande pure soit présentée à ton nom.

(1) **En semaine :**

• C'est pourquoi nous te supplions, Seigneur, de consacrer toi-même les offrandes que nous apportons : •••

(2) **Le dimanche :**

• C'est pourquoi nous voici rassemblés devant toi, Dieu notre Père, et, dans la communion de toute l'Église, nous célébrons le jour où le Christ est ressuscité d'entre les morts. Par lui, que tu as élevé à ta droite, nous te supplions de consacrer toi-même les offrandes que nous apportons : •••

••• Sanctifie-les par ton Esprit pour qu'elles deviennent le corps ✠ et le sang de ton Fils, Jésus Christ, notre Seigneur, qui nous a dit de célébrer ce mystère.

La nuit même où il fut livré, il prit le pain, en te rendant grâce il dit la bénédiction, il rompit le pain, et le donna à ses disciples, en disant : « **Prenez, et mangez-en tous** : ceci est mon corps livré pour vous. »
De même, après le repas, il prit la coupe ; en te rendant grâce il dit la bénédiction, et donna la coupe à ses disciples, en disant : « **Prenez, et buvez-en tous**, car ceci est la coupe de mon sang, le sang de l'Alliance nouvelle et éternelle, qui sera versé pour vous et pour la multitude en rémission des péchés. Vous ferez cela en mémoire de moi. »

Prière eucharistique n° 3

(1) Il est grand, le mystère de la foi :
— Nous annonçons ta mort, Seigneur Jésus, nous proclamons ta résurrection, nous attendons ta venue dans la gloire.

(2) Acclamons le mystère de la foi :
***— Quand nous mangeons ce pain et buvons à cette coupe, nous annonçons ta mort, Seigneur ressuscité,
et nous attendons que tu viennes.***

(3) Qu'il soit loué, le mystère de la foi :
***— Sauveur du monde, sauve-nous !
Par ta croix et ta résurrection,
tu nous as libérés.***
ou: Proclamons le mystère de la foi :
— Gloire à toi qui étais mort, gloire à toi qui es vivant, notre Sauveur et notre Dieu : viens, Seigneur Jésus !
(Voir p. 228 pour la version latine.)

En faisant ainsi mémoire de ton Fils, de sa passion qui nous sauve, de sa glorieuse résurrection et de son ascension dans le ciel, alors que nous attendons son dernier avènement, nous t'offrons, Seigneur, en action de grâce, ce sacrifice vivant et saint. Regarde, nous t'en prions, l'oblation de ton Église, et daigne y reconnaître ton Fils qui, selon ta volonté, s'est offert en sacrifice pour nous réconcilier avec toi. Quand nous serons nourris de son corps et de son sang, et remplis de l'Esprit Saint, accorde-nous d'être un seul corps et un seul esprit dans le Christ.

Que l'Esprit Saint fasse de nous une éternelle offrande à ta gloire, pour que nous obtenions un jour l'héritage promis, avec tes élus : en premier lieu la bienheureuse Vierge Marie, Mère de Dieu, avec saint Joseph, son époux, les bienheureux Apôtres, les glorieux martyrs, (saint N.) et tous les saints, qui ne cessent d'intercéder auprès de toi et nous assurent de ton secours.

Prière eucharistique n° 3

Et maintenant nous te supplions, Seigneur : par le sacrifice qui nous réconcilie avec toi, étends au monde entier le salut et la paix. Affermis ton Église, en pèlerinage sur la terre, dans la foi et la charité, en union avec ton serviteur notre pape N., et notre évêque N., l'ensemble des évêques, les prêtres, les diacres, et tout le peuple que tu as racheté. Écoute, en ta bonté, les prières de ta famille, que tu as voulu rassembler devant toi. Dans ta miséricorde, ramène à toi, Père très aimant, tous tes enfants dispersés.

Pour nos frères et sœurs défunts, et pour tous ceux qui ont quitté ce monde et trouvent grâce devant toi, nous te prions : en ta bienveillance, accueille-les dans ton Royaume, où nous espérons être comblés de ta gloire, tous ensemble et pour l'éternité, par le Christ, notre Seigneur, par qui tu donnes au monde toute grâce et tout bien.

Par lui, avec lui et en lui, à toi, Dieu le Père tout-puissant, dans l'unité du Saint-Esprit, tout honneur et toute gloire, pour les siècles des siècles.

— Amen.

Vient ensuite le rite de la communion, p. 240.

Prière eucharistique nº 4

Vraiment, il est bon de te rendre grâce, il est juste et bon de te glorifier, Père très saint, car tu es le seul Dieu, le Dieu vivant et vrai : toi qui es avant tous les siècles, tu demeures éternellement, lumière au-delà de toute lumière. Toi, le Dieu de bonté, la source de la vie, tu as fait le monde pour que toute créature soit comblée de tes bénédictions, et que beaucoup se réjouissent de l'éclat de ta lumière. Ainsi, la foule innombrable des anges qui te servent jour et nuit se tiennent devant toi, et, contemplant la splendeur de ta face, n'interrompent jamais leur louange. Unis à leur hymne d'allégresse, avec la création tout entière qui t'acclame par nos voix, Dieu, nous te chantons (louons) :

Saint ! Saint ! Saint,
le Seigneur,
Dieu de l'univers !
Le ciel et la terre
sont remplis de ta gloire.
Hosanna au plus haut des cieux.
Béni soit celui qui vient
au nom du Seigneur.
Hosanna au plus haut des cieux.

(Voir p. 225 pour la version latine.)

Père très saint, nous proclamons que tu es grand et que tu as fait toutes choses avec sagesse et par amour : tu as créé l'homme à ton image et tu lui as confié l'univers, afin qu'en te servant, toi seul, son Créateur, il règne sur la création. Comme il avait perdu ton amitié par sa désobéissance, tu ne l'as pas abandonné au pouvoir de la mort. Dans ta miséricorde, tu es venu en aide à tous les hommes pour qu'ils te cherchent et puissent te trouver. Tu as multiplié les alliances avec eux, et tu les as formés, par les prophètes, dans l'espérance du salut. Tu as tellement aimé le monde, Père très saint, que tu nous as envoyé ton Fils unique, lorsque les temps furent accomplis, pour qu'il soit notre Sauveur. Dieu fait homme, conçu de l'Esprit Saint, né de la Vierge Marie, il a vécu notre condition humaine en toute chose, excepté le péché, annonçant aux pauvres la bonne nouvelle du salut ; aux captifs, la délivrance ; aux affligés, la joie. Pour accomplir le dessein de ton amour, il s'est livré lui-même à la mort, et, par sa résurrection, il a détruit la mort et renouvelé la vie. Afin que désormais notre vie ne soit plus à nous-mêmes, mais à lui qui est mort et ressuscité pour nous, il a envoyé d'auprès de toi, Père, comme premier don fait aux croyants, l'Esprit Saint qui continue son œuvre dans le monde et achève toute sanctification.

Que ce même Esprit Saint, nous t'en prions, Seigneur, sanctifie ces offrandes : qu'elles deviennent ainsi le corps ✠ et le sang de notre Seigneur Jésus, le Christ, dans la célébration de ce grand mystère, que lui-même nous a laissé en signe de l'Alliance éternelle.

Quand l'heure fut venue où tu allais le glorifier, Père très saint, comme il avait aimé les siens qui étaient dans le monde, il les aima jusqu'au bout : pendant le repas qu'il partageait avec eux, il prit le pain, dit la bénédiction, le rompit et le donna à ses disciples, en disant :
« **Prenez, et mangez-en tous** : ceci est mon corps livré pour vous. »

De même, il prit la coupe remplie de vin, il rendit grâce, et la donna à ses disciples, en disant :
« **Prenez, et buvez-en tous**, car ceci est la coupe de mon sang, le sang de l'Alliance nouvelle et éternelle, qui sera versé pour vous et pour la multitude en rémission des péchés. Vous ferez cela en mémoire de moi. »

Prière eucharistique nº 4

(1) Il est grand, le mystère de la foi :
— Nous annonçons ta mort,
Seigneur Jésus,
nous proclamons ta résurrection,
nous attendons ta venue dans la gloire.

(2) Acclamons le mystère de la foi :
— Quand nous mangeons ce pain
et buvons à cette coupe,
nous annonçons ta mort,
Seigneur ressuscité,
et nous attendons que tu viennes.

(3) Qu'il soit loué, le mystère de la foi :
— Sauveur du monde, sauve-nous !
Par ta croix et ta résurrection,
tu nous as libérés.
ou :
Proclamons le mystère de la foi :
— Gloire à toi qui étais mort,
gloire à toi qui es vivant,
notre Sauveur et notre Dieu :
viens, Seigneur Jésus !
(Voir p. 228 pour la version latine.)

Voilà pourquoi, Seigneur, nous célébrons aujourd'hui le mémorial de notre rédemption : en rappelant la mort du Christ et sa descente au séjour des morts, en proclamant sa résurrection et son ascension à ta droite, en attendant sa venue dans la gloire, nous t'offrons son corps et son sang, le sacrifice qui est digne de toi et qui sauve le monde entier. Regarde, Seigneur, celui qui s'offre dans le sacrifice que toi-même as préparé pour ton Église, et, dans ta bonté, accorde à tous ceux qui vont partager ce pain et boire à cette coupe d'être rassemblés par l'Esprit Saint en un seul corps, pour qu'ils deviennent eux-mêmes dans le Christ une vivante offrande à la louange de ta gloire.

Et maintenant, Seigneur, rappelle-toi tous ceux pour qui nous offrons le sacrifice : en premier lieu, ton serviteur notre pape N., notre évêque N., et l'ensemble des évêques, les prêtres et les diacres, les fidèles qui présentent cette offrande, les membres de notre assemblée, le peuple entier qui t'appartient, et tous ceux qui te cherchent avec droiture.

Souviens-toi aussi de ceux qui sont morts dans la paix du Christ, et de tous les défunts dont toi seul connais la foi.

À nous qui sommes tes enfants, accorde, Père très bon, l'héritage de la vie éternelle auprès de la Vierge Marie, la bienheureuse Mère de Dieu, auprès de saint Joseph, son époux, des Apôtres et de tous les saints, dans ton Royaume. Nous pourrons alors, avec la création tout entière, enfin libérée de la corruption du péché et de la mort, te glorifier par le Christ, notre Seigneur, par qui tu donnes au monde toute grâce et tout bien.

Par lui, avec lui et en lui, à toi, Dieu le Père tout-puissant, dans l'unité du Saint-Esprit, tout honneur et toute gloire, pour les siècles des siècles.
— Amen.

Vient ensuite le rite de la communion, p. 240.

RITE DE LA COMMUNION

Notre Père

(1) Comme nous l'avons appris du Sauveur, et selon son commandement, nous osons dire :

(2) Unis dans le même Esprit, nous pouvons dire avec confiance la prière que nous avons reçue du Sauveur :

Notre Père qui es aux cieux, que ton nom soit sanctifié,
que ton règne vienne, que ta volonté soit faite sur la terre comme au ciel.
Donne-nous aujourd'hui notre pain de ce jour. Pardonne-nous nos offenses,
comme nous pardonnons aussi à ceux qui nous ont offensés.
Et ne nous laisse pas entrer en tentation, mais délivre-nous du Mal.

(3) *Præceptis salutaribus moniti, et divina institutione formati, audemus dicere : Pater noster, qui es in cælis : sanctificetur nomen tuum ; adveniat regnum tuum ; fiat voluntas tua, sicut in cælo, et in terra. Panem nostrum cotidianum da nobis hodie ; et dimitte nobis debita nostra, sicut et nos dimittimus debitoribus nostris ; et ne nos inducas in tentationem ; sed libera nos a malo.*

Délivre-nous de tout mal, Seigneur, et donne la paix à notre temps : soutenus par ta miséricorde, nous serons libérés de tout péché, à l'abri de toute épreuve, nous qui attendons que se réalise cette bienheureuse espérance : l'avènement de Jésus Christ, notre Sauveur.

— Car c'est à toi qu'appartiennent le règne,
la puissance et la gloire pour les siècles des siècles !

Échange de la paix

Seigneur Jésus Christ, tu as dit à tes Apôtres : « Je vous laisse la paix, je vous donne ma paix » ; ne regarde pas nos péchés mais la foi de ton Église ; pour que ta volonté s'accomplisse, donne-lui toujours cette paix, et conduis-la vers l'unité parfaite, toi qui vis et règnes pour les siècles des siècles. — ***Amen.***
Que la paix du Seigneur soit toujours avec vous. — ***Et avec votre esprit.***
Dans la charité du Christ, donnez-vous la paix.

Fraction du pain

Que le corps et le sang de notre Seigneur Jésus Christ, réunis dans cette coupe, nourrissent en nous la vie éternelle.

Agneau de Dieu

Agneau de Dieu, qui enlèves les péchés du monde, prends pitié de nous. *(bis)*
Agneau de Dieu, qui enlèves les péchés du monde, donne-nous la paix.

Agnus Dei, qui tollis peccata mundi, miserere nobis. (bis)
Agnus Dei, qui tollis peccata mundi, dona nobis pacem.

Communion

(1) Seigneur Jésus Christ, Fils du Dieu vivant, selon la volonté du Père et avec la puissance du Saint-Esprit, tu as donné, par ta mort, la vie au monde ; que ton corps et ton sang très saints me délivrent de mes péchés et de tout mal ; fais que je demeure fidèle à tes commandements et que jamais je ne sois séparé de toi.

(2) Seigneur Jésus Christ, que cette communion à ton corps et à ton sang n'entraîne pour moi ni jugement ni condamnation ; mais que, par ta bonté, elle soutienne mon esprit et mon corps et me donne la guérison.

Voici l'Agneau de Dieu, voici celui qui enlève les péchés du monde.
Heureux les invités au repas des noces de l'Agneau !
— Seigneur, je ne suis pas digne de te recevoir ;
mais dis seulement une parole, et je serai guéri.

Chant de communion *ou antienne de la communion.*

Prière après la communion *voir à la date du jour.*

RITE DE CONCLUSION

Le Seigneur soit avec vous.
— Et avec votre esprit.
Que Dieu tout-puissant vous bénisse, le Père, et le Fils, + et le Saint-Esprit.
— Amen.

Puis le diacre, ou le prêtre lui-même, les mains jointes, tourné vers l'assemblée, dit :

(1) Allez, dans la paix du Christ.
(2) Allez porter l'Évangile du Seigneur.
(3) Allez en paix, glorifiez le Seigneur par votre vie.
(4) Allez en paix.
— Nous rendons grâce à Dieu.

Chants pour la célébration

Les chants en rouge sont consultables à la page indiquée. **Les chants en noir** sont référencés avec leur cote SECLI.

	Ouverture	Renvoi	Communion / Action de grâce	Renvoi
6 juil	Peuple immense Dieu qui nous appelles à vivre Si le Père vous appelle	p. 244 K158 0154-1	Voici le Corps et le Sang du Seigneur Grain de blé Vous recevez entre vos mains	D44-80 GX510 p. 248
13 juil	Écoute la voix du Seigneur Il est venu marcher L'amour a fait les premiers pas	X548 p. 246 GP204	Approchons-nous de la table L'amour jamais ne passera Laisserons-nous à notre table	p. 250 X44-65 D577
20 juil	Dieu nous accueille en sa maison Rassemblés dans ta maison de lumière Dieu est en attente	p. 247 A63-74-2 A216	Vous qui avez soif, venez à moi T'approcher, Seigneur Tu fais ta demeure en nous	p. 251 GP22-68-6 D56-49
27 juil	Adveniat regnum tuum Peuple de Dieu, marche joyeux Vienne ton règne sur la terre	p. 247 K180 DEV349	Tu entends mon cri Nourris du même pain Donne à ceux qui demandent	DEV327 D81 p. 252

Suggestions pour juillet 2025 proposées par Thibault Van Den Driessche, avec ChantonsenÉglise

Peuple immense (Ouverture)

A54-27 ; T. et M. : G. Lefebvre ; ADF Musique.

REFRAIN ♩ = 110

Peuple im-men-se de tou-tes les na-tions, de tou-tes races et de

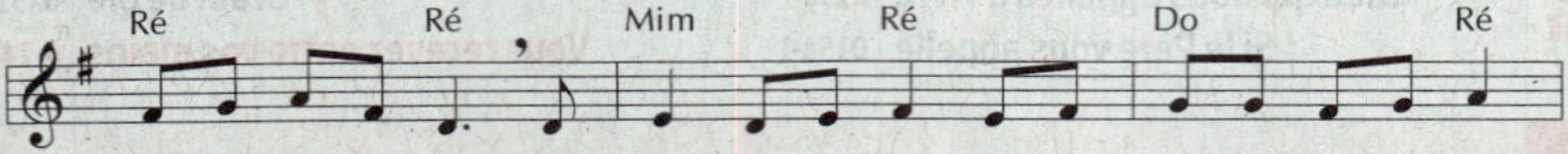

tou-tes con-di-tions, ve - nez, cé-lé-brons tous en-sem-ble le Sei-gneur,

chan-tons-le, al - lé - lu - ia !

COUPLETS

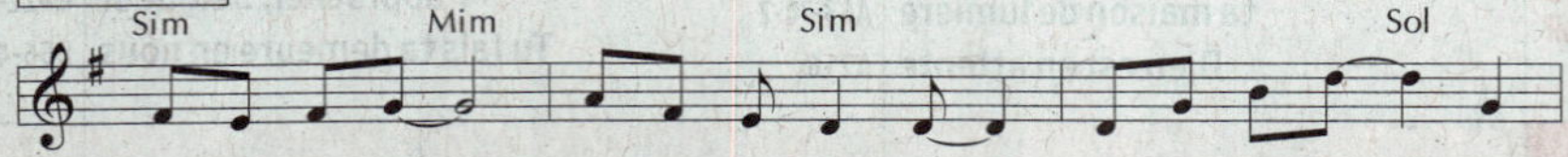

1. Ac-cla-mez Dieu, peu-ples du mon-de, cé - lé-brez-le tous
2. Ras-sem-blez-vous, **peu-ples du mon-de, Dieu vous ap-pelle à**
3. Ac-cueil-lez Dieu, peu-ples du mon-de, lais-sez-le vous ré -
4. A - do - rez Dieu, peu-ples du mon-de, ne cou-rez pas vers
5. É - cou - tez Dieu, peu-ples du mon-de, car sa pa-role a
6. Con-tem-plez Dieu, peu-ples du mon-de, la Cré - a - tion par -

1. les pa - ys. En son Al - lian - ce tout se fon - de :
2. l'u - ni - té. Vos dif - fé - ren - ces sont pro - fon - des :
3. con - ci - lier. Il voit vos cœurs et il les son - de :
4. d'au-tres___ dieux. Il vous suf - fit___ et il vous com - ble
5. re - ten - ti. Se - mée en vous,___ elle est fé - con - de :
6. le de___ lui. Son œuvre est belle___ et nous ra - con - te

1. il est le Sei - gneur de la vie.___
2. ri - ches - se qu'il___ faut par - ta - ger.___
3. heu - reux les ar - ti - sans de paix !___
4. bien au - de - là___ de tous vos vœux.___
5. c'est comme un fro - ment qui gran - dit.___
6. que tous les vi - vants ont du prix.___

⑦ Recherchez Dieu, peuples du monde,
ne le cherchez pas dans les cieux !
Dans votre cœur l'amour abonde :
c'est là le Royaume de Dieu !

⑧ Témoins de Dieu, peuples du monde,
portez le feu qui brûle en vous !
Allez le répandre à la ronde
en messagers de l'amour fou.

Il est venu marcher *(Ouverture)*

M157-4; T. : M. Scouarnec; M. : J.-M. Vincent; Studio SM.

Refrain : **Jésus Christ s'est levé parmi nous, Dieu a visité son peuple.**
Jésus Christ s'est levé parmi nous, Dieu a visité son peuple.

① **Il est venu marcher sur nos routes,**
partager notre vie, nos joies et nos peines.
Il est venu sauver tous les hommes,
nous apprendre à aimer et vaincre la haine.

② **Celui qui croit renaît à la vie**
et découvre l'espoir en Dieu qui le sauve.
Celui qui croit en Dieu notre Père
recevra par son Fils la vie éternelle.

③ **L'aveugle voit, le mort ressuscite,**
le boiteux est guéri, et joie pour le pauvre.
L'aveugle voit, le riche partage,
l'affamé est nourri et Dieu nous pardonne.

④ **Il nous envoie par toute la terre**
annoncer aux cœurs droits la Bonne Nouvelle.
Il nous envoie porter la lumière
et répandre la joie parmi nos frères.

⑤ **Il reviendra un jour dans la gloire**
pour nous prendre avec lui, au ciel près du Père.
Il reviendra juger notre monde
et donner à nos corps la vie éternelle.

Dieu nous accueille en sa maison (Ouverture)

A174; T. : J.-P. Lécot; M. : J.-P. Lécot, G.-P. Palestrina (XVIe siècle); Zech.

Refrain : **Dieu nous accueille en sa maison, Dieu nous invite à son festin :**
jour d'allégresse et jour de joie ! Alléluia !

① **Criez de joie pour notre Dieu,**
chantez pour lui, car il est bon, car éternel est son amour.

② **Avec Jésus, nous étions morts ;**
avec Jésus, nous revivrons, nous avons part à sa clarté.

③ **« Si tu savais le don de Dieu »,**
si tu croyais en son amour, tu n'aurais plus de peur en toi.

Adveniat regnum tuum (Ouverture)

M55-82; T. : J. Nieuviarts; M. : M. Wackenheim; Bayard.

Refrain : **Adveniat regnum tuum, que ton règne vienne parmi nous !**
Adveniat, adveniat, que ton règne vienne parmi nous !

① **Ton Fils épelle en nous les mots, du temps béni des renouveaux.**
Son nom, ses gestes ont goût d'en haut, il est reflet de ta beauté.

② **Tu dis un monde à enchanter, de gestes forts et d'amitié.**
Bonheur à l'artisan de paix, il est reflet de ta beauté.

③ **Tu fais le choix des plus petits, tu nous apprends à les bénir.**
Tu aimes l'homme au cœur contrit, il est reflet de ta beauté.

Vous recevez entre vos mains (Communion)

D19-63 ; T. et M. : M. Dannaud ; Éd. de l'Emmanuel.

qui nous aime jusqu'à vouloir se faire nour - ri - tu - re.

② Le Dieu que nous servons n'est pas lointain,
le Dieu que nous recevons n'est pas impitoyable,
c'est un Dieu d'amour, de tendresse et de pitié
qui est proche jusqu'à vouloir demeurer en nous.

③ Je suis le pain de vie,
vos pères ont mangé la manne et ils sont morts.
Ce pain est le pain qui descend du ciel
pour qu'on mange et ne meure pas.

④ Je suis le pain vivant descendu du ciel,
qui mangera de ce pain vivra à jamais.
Et même, le pain que je donnerai
c'est ma chair pour la vie du monde.

⑤ Celui qui mange ma chair et boit mon sang
demeure en moi et moi en lui.
De même que je vis par le Père qui m'a envoyé,
de même, celui qui me mange, vivra par moi.

Approchons-nous de la table (Communion)

D19-30; T. et M. : M. Dannaud; Éd. de l'Emmanuel.

② Voici l'admirable échange où le Christ prend sur lui nos péchés.
Mettons-nous en sa présence, il nous revêt de sa divinité.

③ Père, nous te rendons grâce pour ton Fils Jésus Christ le Seigneur.
Par ton Esprit de puissance, rends-nous dignes de vivre de tes dons.

Vous qui avez soif, venez à moi (Communion)

X44-82; T. et M. : Communauté de l'Emmanuel (M. Wittal); Gemeinschaft Emmanuel/L'Emmanuel.

Refrain : **Vous qui avez soif, venez à moi et buvez,**
car de mon cœur ouvert jaillira
le fleuve qui donne la vie. *(bis)*

① **Que soient remplis d'allégresse les déserts,**
que la steppe exulte et fleurisse, qu'elle se couvre de fleurs et soit en fête :
la splendeur de Dieu lui est donnée.

② **Affermissez les mains et les genoux affaiblis,**
dites aux cœurs défaillants : soyez forts, ne craignez pas, voici votre Dieu.
C'est lui qui vient vous sauver !

③ **En ce jour-là s'ouvriront les yeux des aveugles,**
les oreilles des sourds entendront ; alors le boiteux bondira comme un cerf,
et le muet criera de joie.

④ **Ce jour-là dans le désert, les eaux jailliront,**
et les torrents dans la steppe. La terre brûlée deviendra un verger,
le pays de la soif, un jardin.

⑤ **Dieu tracera un chemin, une voie sacrée,**
les insensés n'y passeront pas. Tous les rachetés du Seigneur y marcheront,
Dieu lui-même les conduira.

Donne à ceux qui demandent (Action de grâce)

K217 ; T. et M. : C. Tassin ; Éd. Studio SM.

REFRAIN

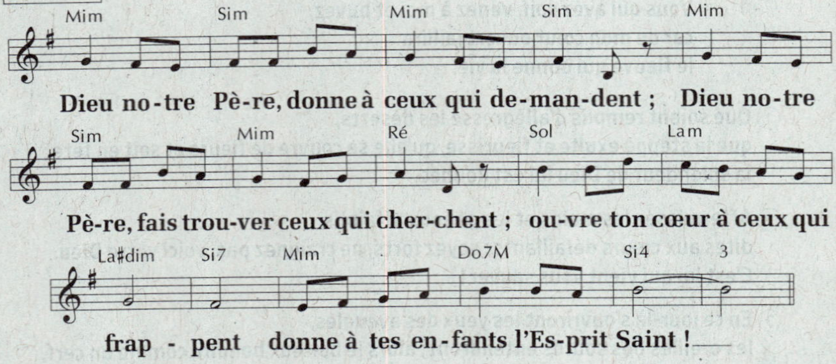

COUPLETS

1. no - tre pri - è - re nour - ri - ra nos dé - sirs :
2. no - tre pri - è - re la - ve - ra le pas - sé :
3. no - tre pri - ère é - pou - se - ra tes pro - jets :
4. no - tre pri - ère an - non - ce - ra Jé - sus Christ :

1. nous ver - rons no - tre vie a - vec tes yeux,
2. nous ver - rons no - tre mal a - vec tes yeux,
3. nous ver - rons no - tre frère a - vec tes yeux,
4. nous ver - rons notre his - toire a - vec tes yeux,

1. n'ay - ant plus faim que de te plai - re.
2. nous con - naî - trons la vie nou - vel - le.
3. pour le con - fier à ta ten - dres - se.
4. nous chan - te - rons le monde à naî - tre.

CHANTS POUR L'ORDINAIRE

MESSE DU PARTAGE

Préparation pénitentielle

AL23-08; T. et M. : P. et É. Daniel; Bayard Liturgie.

Gloire à Dieu

AL23-09; T. : AELF; M. : P. et É. Daniel; Bayard Liturgie.

Tous
Dieu, A - gneau de Dieu, le Fils du Pè - re; toi qui en - lè - ves
Soliste
les pé-chés du mon-de, prends pi - tié de nous; toi qui en - lè - ves
Tous
les pé-chés du mon-de, re - çois no-tre pri - è - re; toi qui es as-
sis à la droi - te du Pè - re, prends pi - tié de nous.
Soliste
Tous
Soliste
Car toi seul es saint, toi seul es Sei - gneur, toi
seul es le Très - Haut: Jé-sus Christ, a - vec le Saint-Es - prit
Tous
dans la gloi - re de Dieu le Pè - re. A - men.

Saint, le Seigneur

AL173 ; T. : AELF ; M. : P. et É. Daniel ; Fleurus.

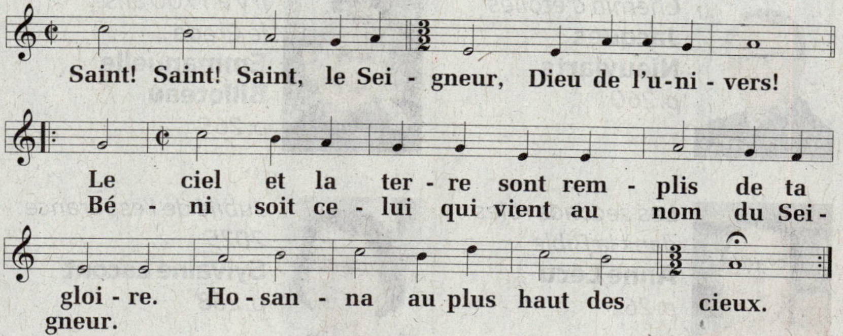

Agneau de Dieu

AL23-12 ; T. : AELF ; M. : P. et É. Daniel ; Bayard liturgie.

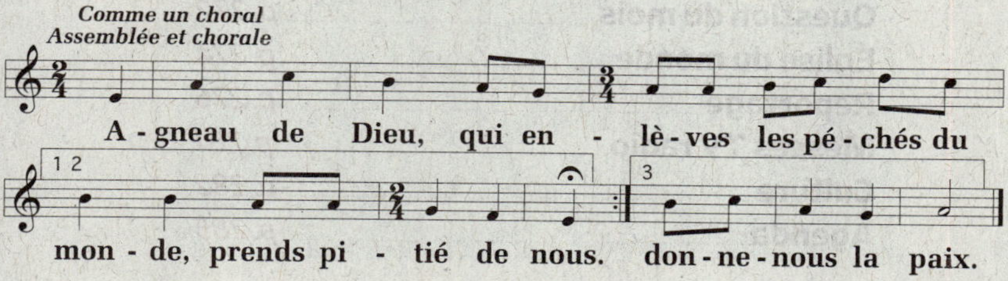

LES RENDEZ-VOUS DE JUILLET 2025

SOMMAIRE

Chemins d'été

« Tous les chemins mènent à Rome. » Mais en ce mois de juillet, nous vous proposons d'autres voies qui mènent au Seigneur. À moins que ce ne soit lui qui les emprunte pour venir chez nous !
Volontaire en Bolivie, Aurélie identifie les passages par lesquels Dieu finit par la rejoindre. Éveillée à la foi par ses grands-parents, la chargée de collecte de fonds se reconnaît « humble » devant « le don de la paix, de la liberté et du discernement ». Un boulevard ouvert par l'Esprit, assurément ! Pour sa part, Anne Lécu évoque le sillon de la parole de Dieu. Parfois, l'itinéraire d'une prophétie prend les raccourcis du malheur alors qu'il s'agit de paroles de vie. C'est le cas de Jérémie, par qui Dieu invite le peuple à risquer l'exil. Le prophète affirme, contre les mensonges rassurants d'Ananie, que le Seigneur accompagne son peuple dans ses errances comme dans ses drames.
D'autres chemins ? Ceux de la transmission aux petits-enfants d'Yvon, du service auprès des personnes porteuses de handicap d'Augustine, ou de la passion pour le patrimoine de Claire-Elizabeth. Et vous ? Comment le Seigneur vous rejoint-il ? ■

Karem Bustica
Rédactrice en chef de Prions en Église

« Se reconnaître "humble" devant "le don de la paix, de la liberté et du discernement". Un boulevard ouvert par l'Esprit, assurément ! »

CHEMIN D'ÉTOILES

Jacques Nieuviarts, prêtre assomptionniste

Signes d'apocalypse dans le ciel !

Le style apocalyptique dans les évangiles et dans l'Apocalypse aide à évoquer la nouveauté radicale, la pleine manifestation du Christ.

Le lecteur des évangiles est souvent dérouté d'y trouver des chapitres qui, croit-on, annoncent la fin du monde ! « Il y aura des signes dans le soleil, la lune et les étoiles. Sur terre, les nations seront affolées et désemparées par le fracas de la mer et des flots. Les hommes mourront de peur dans l'attente de ce qui doit arriver au monde, car les puissances des cieux seront ébranlées » (Lc 21, 25-26). « Les étoiles tomberont du ciel » (Mt 24, 29 ; Mc 13, 25) ! Plus que de la fin des temps, ces chapitres parlent cependant de la pleine manifestation du Christ. Plus que la fin d'un monde, ils annoncent un monde nouveau. « On verra le Fils de l'homme venir dans une nuée, avec puissance et grande gloire », poursuivent en effet les trois évangiles (Jean a un autre langage). Dans le plus pur style apocalyptique, ils évoquent en fait l'éclatement du monde ancien, qui ne peut contenir cette nouveauté radicale. Les apocalypses (le mot signifie dévoilement, révélation) relèvent d'un genre littéraire particulier, que l'on pourrait qualifier de poétique, mais ce sont des écrits de résistance. Ils visent à soutenir la foi et l'espérance des croyants dans les temps très sombres de persécution. Ils utilisent pour cela un langage codé ou crypté, pour désigner la force occupante et signifier sa défaite proche. Ainsi Rome y est-elle omniprésente sous le nom de Babylone la grande, appelée à perdre le combat. Et l'Apocalypse met largement en scène l'Agneau immolé, vainqueur de la mort, entouré d'un peuple immense de vivants, dont le nombre symbolique (144000 élus !) signifie en clair le rassemblement innombrable des sauvés et le rayonnement de l'Église au-delà de la persécution. Le blanc signifie la victoire, le rouge, la violence et le martyre, le noir, l'impiété, la mort. 7 est le chiffre parfait, six marque l'imperfection, 3 et demi (ou ses multiples quels qu'ils soient), le temps de l'épreuve et de l'attente. 12 désigne l'Israël, ancien ou nouveau, 1000 une multitude, 144000 (12x12x1000) ne se compte plus. La corne marque la puissance, les cheveux blancs l'éternité… Il ne faut donc pas lire ces grands textes au pied de la lettre, mais attentifs à cette poétique. Alors l'Apocalypse n'appelle pas à craindre la fin des temps, mais à attendre la manifestation du Christ en gloire. ■

Les apocalypses sont des écrits de résistance qui soutiennent la foi et l'espérance.

Anne Lécu, dominicaine

Ananie, faux prophète

Au chapitre 28 du livre de Jérémie, Ananie rassure le peuple par un mensonge, alors que le prophète authentique n'annonce des drames que pour avertir le peuple.

Alors que Jérémie a pris conscience avec lucidité que la situation n'allait pas s'arranger et que le peuple était contraint à l'exil, il manque à convaincre les prophètes qui endorment le peuple en faisant croire que « ça ira mieux demain ». C'est le cas d'Ananie qui annonce fièrement qu'il *n'y a pas lieu de s'inquiéter* : « Ainsi parle le Seigneur de l'univers, le Dieu d'Israël : J'ai brisé le joug du roi de Babylone ! Dans deux ans, jour pour jour, je ferai revenir en ce lieu tous les objets de la maison du Seigneur que Nabucodonosor, roi de Babylone, a enlevés pour les emporter à Babylone » (Jr 28, 2-4). Ananie traite Jérémie de prophète de malheur qui décourage le peuple. C'est vraiment sans comprendre le rôle véritable du prophète biblique : non pas annoncer l'avenir, mais dire ce qu'il voit et avant cela, voir ce qu'il voit, ce qui est peut-être le plus difficile. « Le prophète qui annonce la paix n'est reconnu comme prophète vraiment envoyé par le Seigneur, que si sa parole s'accomplit », dit Jérémie (Jr 28, 9). Or, les faits lui donnent raison. Ananie est bien un baratineur, un menteur, mais non un prophète. Et Jérémie reste fidèle à sa conviction que pour protéger le peuple, il faut lui faire accepter l'exil et ne pas résister à l'envahisseur, prendre conscience qu'il vaut mieux être vivant en exil que mort chez soi, afin de pouvoir revenir, y compris plusieurs générations plus tard. Il invite les exilés à s'installer en exil, à •••

Première Alliance

« Le prophète Jérémie dit alors au prophète Ananie : "Écoute bien, Ananie : le Seigneur ne t'a pas envoyé, et toi, tu rassures ce peuple par un mensonge." »

Jérémie 28, 15

… planter, à cultiver et donner vie à des enfants.

Le prophète de malheur n'est pas nécessairement celui qui annonce le malheur. Le prophète de malheur est aussi celui qui est dans le déni et n'annonce pas ce qui est évident mais berce le peuple dans l'illusion que les choses vont s'arranger, lui rendant impossible le véritable combat contre le malheur qui s'annonce. En effet, le prophète authentique n'annonce des drames que pour avertir le peuple et faire en sorte que tous se mettent ensemble à lutter afin que le drame n'arrive pas. Mais encore faut-il ne pas avoir été endormi par des déclarations pieuses qui confondent l'illusion d'un espoir né de la pensée magique et l'espérance dure et pourtant ferme que le Seigneur accompagne son peuple dans ses errances comme dans ses drames. Et pour bien montrer que la lucidité n'est pas antagoniste d'une vraie forme d'espérance, Jérémie rachète un champ en Terre promise, même s'il ne sait pas s'il reviendra d'exil. Manière de préparer la vie des générations qui le suivent. ■

Nouvelle Alliance

« Méfiez-vous des faux prophètes qui viennent à vous déguisés en brebis, alors qu'au-dedans ce sont des loups voraces. »

Matthieu 7, 15

Emmanuelle Billoteau, ermite

Tertullien, Père pré-nicéen

Après saint Irénée de Lyon, présentons un autre Père de l'Église pré-nicéen : Tertullien, qui témoigne de la vitalité de l'Église d'Afrique subsaharienne.

Tertullien, un peu plus jeune que saint Irénée, a vécu, lui aussi, à la charnière des deuxième et troisième siècles. Nous n'avons pas beaucoup d'éléments biographiques le concernant, mais son parcours et ses écrits révèlent une personnalité riche et complexe. Il appartient d'abord à la grande Église et la défend des attaques de l'État et des différents courants qui remettent en question l'incarnation du Christ, entre autres. Puis il la quitte pour rejoindre la secte « montaniste » (du nom de Montan, son fondateur) qui, en se réclamant de l'Esprit Saint, conteste l'Église institutionnelle et ses « prétentions » à exercer une « médiation » entre Dieu et les fidèles. Enfin, Tertullien fonde sa propre Église.

Les écrits de la période « catholique » de Tertullien présentent un réel intérêt en matière de…

… christologie – laquelle sera centrale lors du futur concile de Nicée – et du rapport à la « chair du Christ » avec cette implication qui nous concerne tout particulièrement : la résurrection de notre chair. Confesser Jésus Christ, vrai Dieu et vrai homme, est un défi pour notre raison raisonnante. Tertullien a quelques formules frappantes sur cette question, dont celle-ci : « N'est-il rien d'aussi fou que de croire en un Dieu qui est né […] qui s'est vautré dans tous ces outrages de la nature ? » Ou encore : « Le Fils de Dieu a été crucifié ? Je n'ai pas honte puisqu'il faut avoir honte. Le Fils de Dieu est mort ? Il faut y croire puisque c'est absurde. Il a été enseveli, il est ressuscité : cela est certain puisque c'est impossible » (*La chair du Christ*, Source chrétiennes).

Face à Marcion, qui rejette l'Incarnation et méprise la « chair », ses humeurs, sa faiblesse, Tertullien écrit pour défendre la dignité de notre chair et sa résurrection à venir, en s'appuyant sur les deux récits de la création (Gn 2 – 3) : « Il m'est impossible de revendiquer pour la chair autant que lui donna Celui qui l'a faite. N'était-elle pas déjà toute glorieuse alors que ce petit rien, du limon, devenait dans la main de Dieu tout ce qui est, assez heureux n'eût-il été touché que par la main du Créateur ? » Tertullien fait remarquer que la Création aurait pu apparaître sans que Dieu travaille la matière : « La main de Dieu la prend, la touche, la pétrit, l'effile et la façonne. Représente-toi Dieu tout entier occupé à donner figure à l'œuvre de sa main : il y applique son intelligence, son action, son conseil, sa sagesse, et avant tout son affection » (*De la Résurrection de la chair,* SC). Et

Dieu façonna l'homme à son image, c'est-à-dire à l'image du Christ, y compris dans sa matérialité. À travers le donné biblique, Tertullien est attentif à ce que peut vouloir dire le texte par-delà les images et les mots humains.

Cet homme de chair, poursuit-il, le Christ l'a aimé : « En même temps que l'homme, il a aimé sa naissance, il a aimé sa chair. On ne peut pas aimer un être sans aimer en même temps ce qu'il est et ce qu'il fait » (*La chair du Christ*, SC). Tertullien insiste sur le fait que le Christ n'a pas eu honte de notre chair et l'a pleinement assumée dans l'Incarnation. Sa chair ne peut être de la « fausse monnaie », une apparence comme le prétendaient certains. Il a été solidaire de l'humanité dans la naissance comme dans la mort. Il n'y aurait pas pour nous de vie éternelle si le Christ n'avait « fait de la mort une naissance nouvelle en nous donnant la vie céleste. Il rétablit la chair de toute meurtrissure […] : et tu veux qu'il rougisse d'y naître ? »

Tertullien formule ce qui sera approfondi dans les conciles : la question de la nature divine et de la nature humaine dans l'unique personne du Christ.

Tertullien tente également de formuler ce qui sera approfondi dans les conciles œcuméniques ultérieurs : la question de la nature divine et de la nature humaine dans l'unique personne du Christ. « Nous voyons », dit-il, « une double constitution qui n'est pas confusion, mais conjonction dans une seule personne : Jésus Dieu et homme… » (*Contre Praxéas* 27). ■

Sylvaine Lacout, théologienne,
laïque consacrée de la communauté des Béatitudes

« Une année de grâce de la part du Seigneur »

Avec Jésus qui lit la prophétie d'Isaïe à la synagogue de Nazareth, la tradition jubilaire prend une connotation messianique et eschatologique.

Jésus parle du jubilé dans l'évangile selon saint Luc au chapitre 4. Jésus se rend à la synagogue de Nazareth, le jour du shabbat, il se lève pour faire la lecture, on lui tend un rouleau qu'il déroule afin de trouver le passage du prophète Isaïe qui annonce : « *L'Esprit du Seigneur est sur moi parce qu'il m'a conféré l'onction pour annoncer la Bonne Nouvelle aux pauvres. Il m'a envoyé proclamer aux captifs la libération et aux aveugles le retour à la vue, renvoyer les opprimés en liberté, proclamer une année d'accueil par le Seigneur* » (cf. Lc 4, 18-19)

Après avoir fait la lecture, il roule le rouleau, le rend au servant et s'assoit. Puis il se met à commenter le passage. L'homélie de Nazareth se présente chez Luc en tête du récit du ministère public de Jésus comme un discours programme. Dans sa prédication, Jésus annonce sa mission et les réactions de l'auditoire dessinent déjà ce que sera la réaction du peuple au cours et au terme du ministère public : tentative d'élimination, mais

Jésus « allait son chemin » (Lc 4, 30). Jésus a donc lu l'oracle d'Isaïe (Is 61, 1-3). Il le cite dans la version grecque de la Septante. L'expression « rendre la vue aux aveugles » est empruntée à la Septante, alors que l'hébreu signifie : (proclamer) « aux prisonniers l'éblouissement ». Jésus ne poursuit pas la citation d'Isaïe au-delà du verset 2a qui parle « d'un jour de vengeance ». Il s'en tient uniquement à l'aspect positif. Luc n'a pas repris la mention de « panser les cœurs meurtris », mais il a ajouté « renvoyer les opprimés en liberté » (Is 58, 6).

L'irruption de Jésus dans l'histoire des hommes est le signe de l'avènement d'un jubilé permanent.

Avec Jésus, la tradition jubilaire prend une connotation messianique et eschatologique : l'irruption de Jésus ombré par l'Esprit Saint dans l'histoire des hommes est le signe de l'avènement d'un jubilé permanent, qui s'applique à toutes les dimensions de l'existence. Avec lui, le salut entre dans le monde, les signes de sa venue sont la libération des captifs et des opprimés, le retour à la vue des aveugles… Et c'est bien ce que dit Jésus dans la synagogue de Nazareth : « Alors il commença à leur dire : “Aujourd'hui, cette Écriture est accomplie pour vous qui l'entendez” » (Lc 4, 21). L'année jubilaire, année de grâce, nous invite à la joie du salut apporté par Jésus Christ, salut auquel nous pouvons participer dès à présent dans l'Esprit Saint. Être aveugle, être prisonnier peut couvrir bien des réalités, ce temps de jubilé nous donne la possibilité de sortir de nos aveuglements, de nos esclavages. ■

Propos recueillis par **Anne-Quitterie Jozeau**, journaliste

Ma priorité : transmettre la foi

Cardiologue et entrepreneur à la retraite, Yvon Leroux est surtout un heureux grand-père. Son souhait le plus cher : transmettre la foi à Flore et Maxime, ses petits-enfants.

« Ce qui m'importe aujourd'hui, c'est la transmission de la foi à mes deux petits-enfants, les soleils de ma vie. L'aîné se prénomme Maxime et a 12 ans : il fera sa profession de foi cette année. La seconde, Flore, a 7 ans ; elle commence le catéchisme. Je ne vis pas dans la même ville qu'eux, je voyage beaucoup, et ne les vois jamais assez souvent à mes yeux : moins d'une fois par mois. En général, je vais les voir chez eux, à Genève. Je dîne avec eux et les accompagne à l'école. De temps en temps, nous nous retrouvons pour un week-end ou pour les vacances. Quand nous passons du temps ensemble, nous prions tous les trois le soir. J'ouvre l'application *Prions en Église*, qui se trouve à portée de main. Je trouve une prière sur un thème particulier, ou bien un chant : à 7 et 12 ans, on fait attention au son et à l'image ! Je m'en sers aussi pour leur expliquer la liturgie des Heures, pour écouter des

© Sandrine Martin

playlists musicales, ou encore suivre le contenu “En famille”. J’essaie, tout en restant à ma place, de tout faire pour les accompagner et les sensibiliser. Je les ai abonnés à *Prions en Église Junior,* je leur offre des livres sur la foi… Par exemple, j’ai emmené chacun au pèlerinage grands-parents et petits-enfants à Rome, proposé chaque année à la Toussaint par *Prions en Église*. Maxime a même exprimé le désir de devenir Garde suisse lorsqu’il sera adulte ! J’essaie, c’est prioritaire pour moi, de leur transmettre la foi en Christ. Je veux leur donner une immense chance de s’ouvrir à la transcendance et de quitter l’horizontalité. J’en suis convaincu, le Christ apporte une parole d’espérance. Un jour peut-être, tôt ou tard, la foi sera quelque chose d’essentiel à leurs yeux et elle deviendra le socle de leur vie. Si je peux contribuer modestement à cela, ce sera alors la plus belle richesse que j’aurais pu leur apporter. » ■

QUESTION DU MOIS

Comment participer au jubilé ?

D'origine biblique (cf. Lv 25, 8-12) et célébré depuis le XIVe siècle (pape Boniface VIII), le jubilé a une tonalité à la fois festive et pénitentielle. Dans la bulle d'indiction du jubilé 2025 *(Spes non confundit)* sur le thème « Pèlerins d'espérance », le pape François en rappelle les principaux éléments : pèlerinage à Rome, passage de la porte sainte, et sacrement de réconciliation pour recevoir l'indulgence plénière pour soi-même ou pour un défunt. Il nous appelle à être signes d'espérance en ce monde, témoins de notre foi au Christ mort et ressuscité, artisans de pardon et de paix, au service des plus faibles. Les « jubilés ordinaires » sont célébrés tous les vingt-cinq ans depuis 1475 (pape Paul II). Cependant, tous les catholiques ne peuvent se rendre à Rome, empêchés par la maladie, le manque d'argent, ou divers engagements. C'est pourquoi François a donné aux diocèses la possibilité de célébrer le jubilé dans leurs cathédrales et églises jubilaires. La prière spéciale de ce jubilé, les célébrations transmises par la radio et la télévision, ou encore un pèlerinage local, permettent, par le sacrement de pénitence, de recevoir les mêmes effets. Honorer les propositions de son évêque pour son diocèse permet ainsi, avec un cœur sincère, de goûter la miséricorde. ■

Michèle Clavier,
théologienne

Annonce

SPÉCIAL ANNÉE SAINTE EN FAMILLE

Pèlerinage grands-parents et petits-enfants à Rome

Le jubilé est un événement unique donné aux pèlerins de se rendre à Rome. Avec ce pèlerinage, vous découvrirez ou redécouvrirez Rome « à hauteur d'enfant » grâce à vos petits-enfants. Ce pèlerinage a été conçu en pensant d'abord à eux, que ce soient les explications ou les visites : les catacombes, les basiliques majeures, une rencontre avec le pape, le Colisée, les forums antiques, les merveilles baroques, les églises françaises… Le prêtre accompagnateur, Venceslas Deblock, célébrera la messe chaque jour dans des endroits forts de cette ville symbole de l'Église universelle.

Place Saint-Pierre, Rome.

© AdobeStock

PRATIQUE Pèlerinage adapté aux enfants de 7 à 12 ans. **Du 21 au 25 octobre 2025.** Une sélection **"Prions en Église"**, organisée par Bipel. **Renseignements et inscriptions :** 02 99 30 58 28 ou : anneesainte2025@bipel.com

Aurélie Boukhers, volontaire avec la DCC* et chargée de collecte de fonds en Bolivie

Foi et coutumes en Bolivie

« Mes grands-parents, que j'accompagnais enfant à la messe, m'ont éveillée à la foi. Au fil du temps mon intérêt a diminué. Ma relation à la foi est devenue davantage guidée par une curiosité intellectuelle, culturelle, philosophique… Au cours de mon volontariat, j'ai été souvent interpellée sur le plan spirituel. D'abord par les échanges pendant les formations avant départ avec d'autres jeunes volontaires, dont beaucoup entretenaient une relation forte avec la religion avec un désir de la défendre et de l'approfondir. Arrivée en Bolivie, j'ai été impressionnée par les nombreuses fêtes religieuses : bien plus que de simples célébrations, elles sont l'occasion de rassembler les communautés, d'échanger et de transmettre la culture vivante aux plus jeunes, en leur inculquant l'importance de perpétuer ces traditions. La foi est ancrée dans la vie quotidienne : à la Casa Fraternidad de El Alto, les enfants récitaient des bénédictions avant de prendre l'encas. Ailleurs, je remarquais un signe de croix avant de prendre les transports. Autant d'occasions de discuter avec mes collègues. Surtout, j'ai aimé me ressourcer devant la beauté du monde, la terre si sacrée pour les Amérindiens. Dans l'humilité, je recevais paix, libération, discernement et clarification de mes idées. » ■

*La Délégation catholique pour la coopération (DCC) est le service du volontariat de l'Église en France.

1. Réserve naturelle bolivienne de Laguna Chiar khota à 4 200 m. 2. À la Toussaint, les enfants de la Casa Fraternidad de El Alto dressent une table où les coutumes andines s'unissent à la tradition catholique. 3. Devant le Christ en majesté de Cochabamba, avec Clémence et Sophie, volontaires DCC.

Anne-Quitterie Jozeau, journaliste

Un été avec le Christ et pour les autres

L'été, certains en profitent pour recentrer leur vie sur le Christ et se mettre au service des autres : auprès de personnes porteuses de handicap, de vacanciers ou encore lors de sessions de communautés.

Les vacances estivales, un temps pour profiter ou un temps pour aider ? Peut-être les deux. L'été est aussi perçu par certains comme le temps approprié pour mettre le Christ au premier plan. Et « vivre sa foi de manière concrète, en voyant le Christ en l'autre », confie Augustine Dabout, qui participe à des séjours estivaux entre jeunes porteurs de handicap et accompagnateurs. Marie-Bénédicte et Augustin Waroux, de la Communauté de l'Emmanuel, et Claire-Elizabeth Mantel, de l'association Casa, voient leur bénévolat de la même manière.

Depuis quatre ans, Augustine Dabout, 27 ans, fait partie de l'association À bras ouverts (ABO). Le mouvement propose des séjours l'été avec des personnes porteuses d'un handicap et des accompagnateurs volontaires. « ABO est vraiment un lieu où je m'épanouis : plus je sers, plus je grandis et me sens bien dans l'association. » La jeune Toulousaine apprécie ces promenades dans la campagne du Sud-Ouest, les baignades lorsque la maison prêtée est en bord de mer, les jeux de société ensemble, les boums organisées, etc. Le tout dans un rythme moins frénétique que son quotidien de jeune conseillère en agronomie. Une manière d'ouvrir son cœur en consacrant du temps aux jeunes porteurs de handicap : « J'apprends chez ABO la compassion et la douceur. »

Donner de son temps, c'est aussi ce que font Marie-Bénédicte et Augustin Waroux, membres de la Communauté de l'Emmanuel. Ce couple, parent de six enfants, se rend presque chaque été à Paray-le-Monial (71) pour participer aux sessions organisées par l'Emmanuel. « En tant que communautaires, notre mission première est de servir avec les frères de la communauté », explique Marie-Bénédicte. Le couple s'occupe souvent des sessions pour les enfants. Au programme : olympiades

© ABO

▲ Promenade dans la campagne avec l'association ABO.

et bricolages en plein air, louange, adoration, atelier de découverte du Sacré-Cœur de Jésus. Mais surtout, ils convient filleuls et amis éloignés de la foi à Paray-le-Monial, pour leur présenter l'Église vivante et leur donner l'occasion de vivre une rencontre personnelle avec le Seigneur.

Une rencontre que Claire-Elizabeth Mantel a vécue grâce à l'association Casa – Communautés d'accueil dans les sites artistiques. Elle se rend chaque année dans un lieu ...

... visité par l'association chrétienne. Diplômée de l'École du Louvre, mais ayant vécu une reconversion professionnelle dans la documentation liée à la culture et aux institutions, Casa est l'occasion rêvée de retourner à ses premières amours. Cette Parisienne de 47 ans fait visiter une église ou un site religieux à des gens de passage. « Je ne fais pas de l'évangélisation directe, je décrypte simplement le message chrétien par les œuvres présentes. » Cet été, la documentaliste projette d'accompagner les visiteurs de l'église Notre-Dame de Toute-Grâce, en Haute-Savoie. Cette église du XXe siècle est entourée de verdure et de fleurs. L'édifice recueille de nombreuses œuvres d'art d'illustres artistes, comme Marc Chagall ou Henri Matisse. « La semaine avec Casa est une façon de parler de ma foi », affirme Claire-Elizabeth. Pour elle comme pour lès époux Waroux, le service n'est pas vécu comme une contrainte : « Notre vie de prière devient concrète avec le service que nous rendons à Paray-le-Monial », conluent Marie-Bénédicte et Augustin. ■

Mission : servir

Bien d'autres propositions existent pour rendre service cet été : des sessions familiales à Notre-Dame de Montligeon (61) ou à l'abbaye de Hautecombe (73) ; l'hospitalité sur les chemins de Saint-Jacques, ou au Pèlerinage national à Lourdes. Pour le jubilé des jeunes à Rome à la fin de ce mois-ci, We are Fratello appelle aussi des volontaires.

Informations communiquées sous réserve de modifications. Renseignez-vous avant de vous rendre aux endroits indiqués.

LE JOUR DU SEIGNEUR – FRANCE 2 (11 heures)

6/7 En direct de l'esplanade Émile-Turco, Valras-Plage (34).
Prédicateur : P. Denis Ledogar, assomptionniste.

13/7 Messe à ciel ouvert en direct de la Belgique.
Lieu et prédicateur : *informations non communiquées*.

20/7 En direct du hameau de Carol, Latour-de-Carol (66).
Prédicateur : P. Frédéric Ozanne, prêtre de la Mission de France.

27/7 Messe à ciel ouvert en direct de Renédale (25).
Prédicateur : Fr. Yves Combeau, dominicain.

FRANCE CULTURE (10 h 05)

6/7 Cathédrale Saint-Pierre, Montpellier (34).
Prédicateur : *information non communiquée*.

13/7 Cathédrale Notre-Dame des Doms, Avignon (84).
Prédicateur : Mgr François Fonlupt.

20/7 Chapelle Notre-Dame de la Médaille miraculeuse, Paris (VIIe).
Prédicateur : Fr. Régis Morelon, dominicain.

27/7 Chapelle Notre-Dame de la Médaille miraculeuse, Paris (VIIe).
Prédicateur : P. Gilles Drouin.

PARCOURS NUMÉRIQUE

Portes ouvertes aux monastères

P. Nicolas / D.R.

Tout au long de cette année, le site et l'application *Prions en Église* vous invitent à une immersion dans la vie monastique avec l'opération « Une année au cœur des monastères ». Près d'une trentaine de monastères ouvrent leurs portes pour partager leur quotidien. Tous les quinze jours, l'un d'eux est mis à l'honneur avec un mot d'accueil, un historique et la découverte de ses productions artisanales. Cette plongée dans le quotidien des veilleurs de la prière vous permettra également de vous familiariser avec l'esprit de la Règle de saint Benoît. Pour l'approfondir, un podcast l'explore tout au long de l'année. Le père André Ardouin, abbé de Ganagobie, en propose une traduction contemporaine, tandis que sœur Michèle Marie Caillard, de l'abbaye de Valognes, en offre une introduction accessible et vivante. Bonne année de prière avec les moines et les moniales ! ■

Sébastien Antoni

CD

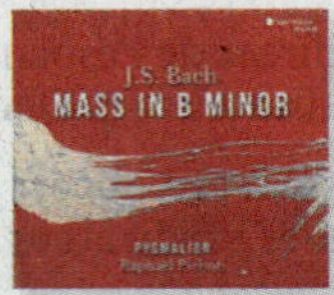

Messe en *si* mineur
Jean-Sébastien Bach
Pygmalion, Raphaël Pichon
Harmonia Mundi

La messe en *si* mineur, c'est le testament de musique sacrée de Jean-Sébastien Bach, son chef d'œuvre avec les deux Passions (selon saint Matthieu et selon saint Jean). Raphaël Pichon, à la tête de l'ensemble Pygmalion, donne un magnifique éclairage à cette œuvre majeure.

La petite espérance

L'ensemble Ô, Laetitia Corcelle, Bayard Musique

Un magnifique programme où les lumineuses monodies d'Hildegarde von Bingen dialoguent avec les œuvres polyphoniques de Bach, Mendelssohn et Bruckner. Des musiques qui évoquent la « petite espérance » dont parle Péguy, superbement interprétées par l'ensemble Ô. ■

Dominique Pierre

EXPOSITION

Artemisia, héroïne de l'art

© Ministère de la culture, Italie

Judith et sa servante, Artemisia Gentileschi, Galerie des Offices, Florence (Italie).

Le musée Jacquemart-André met à l'honneur l'artiste romaine Artemisia Gentileschi (1593-vers 1656), une des rares femmes peintres de l'époque baroque ayant connu de son vivant une renommée internationale et qui put vivre de son art. L'exposition témoigne du génie de l'artiste, dont l'influence de Caravage fut déterminante dans sa formation, à travers des sujets mythologiques et religieux, n'hésitant pas à relever l'héroïsme féminin dans un milieu quasi exclusivement masculin. ■

Hélène Roquejoffre, *Le Monde de La Bible*

Jusqu'au 3 août 2025 – Musée Jacquemart-André – Institut de France
158, bd Haussmann 75008 Paris www.musee-jacquemart-andre.com

LIVRES

Le Seigneur n'était pas dans le feu – Élie

Anne Lécu, Cerf, 192 p.

Religieuse dominicaine, docteur en philosophie et en médecine, autrice, Anne Lécu excelle dans des ouvrages grand public puisant dans la lecture et la méditation incarnées de la Bible. C'est sous le registre d'un périple, d'Est au Nord, qu'Anne Lécu évoque la mission du prophète Élie. L'homme de Dieu qui prend conscience que Dieu n'était pas dans les manifestations de puissance. Une belle partition pour saisir le silence fécond du Très-Haut.

Ce que vous avez fait aux plus petits d'entre les miens

Guilhem Causse, Salvator, 184 p.

Religieux jésuite, docteur en philosophie et directeur du premier cycle aux Facultés Loyola (Paris), l'auteur propose un parcours biblique et méditatif dans l'Évangile de Matthieu. Fruit de retraites prêchées et de son expérience dans les aumôneries de prison, ce parcours invite à faire justice aux tout-petits, ces personnes qui nous précèdent dans le Royaume. Une traversée réconfortante.

La Bible, qu'est-ce que ça change ?

Thomas Römer, Labor et Fides, 126 p.

Une perle pour revisiter la bibliothèque que constitue la Bible présentée comme un éloge de la diversité et « même des contradictions », dialogue entre les textes et les lecteurs. L'auteur, qui a créé la chaire Milieux bibliques au Collège de France, invite à lire la Bible pour entrer dans une lecture infinie. Une invitation décapante et inspirée, fruit de longues années de fréquentation du bestseller de tous les temps. ■ **Robert Migliorini**

AGENDA

Informations communiquées sous réserve de modifications.

Grand Nord-Ouest

LA PRÉNESSAYE (22)

SAMEDI 5

Festival

Ker Maria festival, une journée destinée aux familles avec de nombreuses propositions : concerts, conférences, adoration, eucharistie, confessions, chapelet, éveil à la foi pour les enfants, soirée de louange, jeux… Au sanctuaire Notre-Dame de Toute-Aide de Querrien.

contact.festivalkermaria@gmail.com

ÉPERNON (28)

DU DIMANCHE 6 AU SAMEDI 12

Retraite prêchée

« Allons ailleurs. » Comme les disciples d'Emmaüs, on aurait envie de dire au Christ : « Reste avec nous, il se fait tard ». Mais il répond : « Allons ailleurs. » Avec le père Raphaël Buyse, prêtre du diocèse de Lille, au prieuré Saint-Thomas.

02 37 83 60 01

reservation@prieure-saint-thomas.fr

www.prieure-saint-thomas.fr

PONTLEVOYE (41)

DU SAMEDI 19 AU SAMEDI 26

Session familiale

Enseignements de don Augustin Soubrier « Ne vous conformez pas au monde présent ». Session organisée par la communauté Saint-Martin à l'abbaye de Pontlevoye.

www.communautesaintmartin.org/les-sessions-familles

Grand Nord-Est

MOUVAUX (59)

DU LUNDI 14 AU DIMANCHE 20

Retraite

«À la suite du Christ, avec les Pères du désert ». Retraite animée par Éric Clotuche, à la découverte de cette spiritualité au travers de films documentaires, moments individuels, temps de prière et méditations (selon l'enseignement de John Main).

03 20 26 09 61

contact@hautmont.org

www.hautmont.org

PARAY-LE-MONIAL (71)

DU SAMEDI 19 AU MERCREDI 23

Session pour tous

Session spirituelle •••

… ouverte à tous, avec ou sans handicap, organisée par l'OCH et la Communauté de l'Emmanuel.
evenements@och.fr
www.och.fr

Grand Sud-Ouest

BRIVE-LA-GAILLARDE (19)

DU DIMANCHE 20 AU DIMANCHE 27

Retraite en famille

Semaine de vacances franciscaines en famille autour du sanctuaire des grottes de Saint-Antoine.
Le thème 2025 est *« Voilà ce que je veux :* vivre l'Évangile. »
06 80 73 60 04
vacancesfamillesbrive@orange.fr
www.vacances-franciscaines.fr

VAYLATS (46)

DU VENDREDI 4 AU LUNDI 21

Retraite ignatienne

Retraite en silence de 3, 5, 8, 10 ou 30 jours selon les *Exercices spirituels* de saint Ignace. Accompagnement individuel au quotidien.
05 62 71 65 30
secretariat@coteaux-pais.net
www.coteaux-pais.net

Grand Sud-Est

LA CHAPELLE-D'ABONDANCE (74)

DU SAMEDI 5 AU DIMANCHE 27

Camps Fondacio

Durant le mois de juillet, Fondacio propose aux jeunes de 14 à 18 ans un camp d'une semaine « Réussir sa vie » : apprendre à se connaître, découvrir l'écoute intérieure, se poser la question de la foi, se dépasser en s'amusant.
07 86 11 27 84 – fondacio.fr
ados@fondacio.fr

VARS (05)

DU DIMANCHE 6 AU VENDREDI 11

Bible en montagne

Session d'étude biblique et de découverte de la montagne organisée par les communautés catholique et protestante des Hautes-Alpes avec les interventions de Michèle Clavier, théologienne, et Katharina Schächi sur le thème « L'eau dans la Bible ».
06 09 17 51 02 (Odile)
davidod@orange.fr

SIMIANE-COLLONGUE (13)
DU LUNDI 7 AU MERCREDI 9
Session interreligieuse
Rencontre interreligieuse sur le thème : « Les lumières dans la Torah, les prophètes, les psaumes, les évangiles, que Dieu nous propose pour marcher sur un chemin de fraternité », avec le rabbin Philippe Haddad à l'abbaye bénédictine Sainte-Lioba.
04 42 22 60 60
benedictins@lioba.com
www.lioba.com

Île-de-France

CLAMART (92)
DU VENDREDI 4 AU DIMANCHE 6
Session
« Est-ce bien lui ? ...

ZOOM

PÈLERINAGE DES PÈRES DE FAMILLE À COTIGNAC (83)

Du 4 au 6 juillet, les époux et pères de familles sont invités à trois jours de prière et de marche vers le sanctuaire de Cotignac sur le thème « Confiance, il t'appelle ». Cette invitation résonne avec l'histoire du lieu. En 1519, Marie portant Jésus dans ses bras apparaît à Jean de la Baume, un jeune bûcheron. Elle demande de lui bâtir « une église sous le vocable de Notre-Dame de Grâces et qu'on y vienne en procession ». Confiant, Jean transmet cette demande aux édiles du village de Cotignac et le sanctuaire de Notre-Dame de Grâces est bâti. En 1660, à trois kilomètres de là, la même confiance habite Gaspard Ricard, un jeune berger, accablé par un soleil ardent, quand saint Joseph lui apparaît, lui montre un rocher et dit « Je suis Joseph, enlève-le et tu boiras ». Gaspard obéit, déplace le rocher, découvre une source et boit. Depuis, des parents se rendent au sanctuaire de Cotignac pour confier leurs joies et leurs peines familiales à la Sainte famille. ■

Geneviève Pasquier

Renseignements : www.pelerinagedesperescotignac.com

… Est-ce bien elle ? »
Un week-end à vivre à deux pour des couples qui hésitent à s'engager vers le mariage et qui veulent avancer vers une décision.
Au Centre spirituel jésuite de Manrèse.
01 45 29 98 60
accueil@manrese.com
www.manrese.com

VILLE-SAINT-JACQUES (77)
DU VENDREDI 4 AU DIMANCHE 6
Festival
3e édition du festival de musique chrétienne Christ en scène. Deux jours de ressourcement avec une variété de concerts d'artistes chrétiens, des ateliers pour les familles, des temps de prière et une grande célébration eucharistique le dimanche 6 matin avec Mgr Jean-Yves Nahmias au domaine de la Brosse.
06 03 67 58 14
www.christenscene.fr

TIGERY (91)
DU DIMANCHE 20 AU SAMEDI 26
Retraite
Semaine Cana couples, organisée par le Chemin Neuf au cénacle de Tigery, ouverte à tous les couples quelle que soit leur situation : mariés ou non, proches ou loin de la foi… pour se parler, s'écouter, prier.
www.cana-couple.fr

Rome

JUBILÉ

Du lundi 28 au dimanche 3 : jubilé des jeunes

Lundi 28 et mardi 29 : jubilé des missionnaires du monde digital et des influenceurs catholiques

ENVOYEZ VOS RENDEZ-VOUS À L'AGENDA DE PRIONS EN ÉGLISE
Merci d'envoyer les informations nécessaires 3 mois avant l'événement, sans engagement de publication par la rédaction, à : *Prions en Église,* Agenda, 15 boulevard Gabriel Péri, CS 10042 92245 Malakoff Cedex, ou par e-mail : *prionseneglise@groupebayard.com*

Prions en Église 15, boulevard Gabriel Péri CS 10042
www.prionseneglise.fr 92245 Malakoff Cedex

▶ **POUR CONTACTER LE SERVICE CLIENT : 01 74 31 15 01** – service.client@groupebayard.com
(Préciser : nom + adresse postale + « concerne Prions en Église ».)
▶ **POUR VOUS ABONNER : 01 74 31 15 01** – www.librairie-bayard.com
Bayard, Prions en Église, TSA 60007, 59714 Lille Cedex 9
▶ **POUR CONTACTER LA RÉDACTION :** prionseneglise@groupebayard.com

Directeur de la publication : François Morinière. Directrice déléguée : Emmanuelle Delapierre. Rédaction : Karem Bustica (rédactrice en chef), Dominique Pierre (rédacteur en chef délégué), Pomme Mignon (rédactrice en chef adjointe visuel, directrice artistique), Frédéric Pascal (rédacteur en chef adjoint), Armelle Gabriel (assistante), Nicolas Crouzier (secrétaire général de la rédaction), Jean-Baptiste Deau, Cécile Toussaint (1ers secrétaires de rédaction), Laurent Sangpo, Pascal Redoutey (rédacteurs graphistes), Ania Biszewska (rédactrice photo), Sébastien Antoni (chef de grande rubrique), Anne-Quitterie Jozeau, Geneviève Pasquier (rédactrices). Ont participé : Michèle Clavier, Thibault Van Den Driessche. Marketing éditeur et développement : Amandine Boivin. Marketing diffusion et abonnement : Aurore Bertrand (directrice), Sandrine Dos Santos (chef de marché). Directeur des terrains catholiques : Cédric Bloquet. Contrôle de gestion : Marie-Albane de Vallée. Fabrication : Grégory Cervantes. Impression : Maury SAS, Z.I. Route d'Étampes, 45330 Malesherbes. Textes liturgiques : © AELF. Chants : © Éditeurs. © Bayard et Novalis. Reproduction interdite sans autorisation. *Prions en Église* est édité par Bayard, société anonyme à Directoire et Conseil de Surveillance au capital de 16 500 000 €. Actionnaires : Augustins de l'Assomption (93,7 % du capital), SA Saint-Loup, Association Notre-Dame de Salut. Directoire : François Morinière (président et directeur de la publication), Dominique Greiner (directeur général). Président du Conseil de Surveillance : Hubert Chicou. Dépot légal à parution. CPPAP : 0425K86471 - ISSN : 0383-8285. Belgique et Luxembourg : Bayard Presse Bénélux, Da Vincilaan, 1 – 1930 Zaventem. Tél. : 0800 250 38 (de Belgique, gratuit) ou 800 29 195 (du *Luxembourg*). Web marché chrétien : librairie-bayard.com. Suisse : Asendia Press Edigroup SA, Chemin du Château-Bloch 10, 1219 Le Lignon. Tél. : 00 41 22 860 84 02. Mail : abobayard@edigroup.ch

Ce numéro comporte :
Sur la totalité de la diffusion : *encart posé "Prions en Église Junior" ; encart jeté "Prions en Église" autopromotion.*
Sur une partie de la diffusion : *encart posé "Bayard presse" offre d'abonnement ; relance posée "Bayard" offre d'abonnement.*

PEFC 10-31-1282
Certifié PEFC
Ce produit est issu de forêts gérées durablement et de sources contrôlées.
pefc-france.org

IMPRIM'VERT

***Prions en Église* agit pour l'environnement**
Origine du papier : France. Taux de fibres recyclées : 100 %. Origine des fibres : papier issu de forêts gérées durablement.
Impact sur l'eau : PTOT 0,003 kg/T

FR